EXAMEN

DES

DIVERS MOYENS PRÉCONISÉS

POUR

SOUSTRAIRE AUX INONDATIONS LES GRANDES PLAINES

DU

COURS MOYEN ET INFÉRIEUR DES FLEUVES

PARIS — IMPRIMERIE CUSSET ET Cⁱᵉ. 26, RUE RACINE.

EXAMEN

DES

DIVERS MOYENS PRÉCONISÉS

POUR

SOUSTRAIRE AUX INONDATIONS LES GRANDES PLAINES

DU

COURS MOYEN ET INFÉRIEUR DES FLEUVES

PAR

M. DEGLAUDE,

INGÉNIEUR EN CHEF DE LA TROISIÈME SECTION DE LA LOIRE.

Le sol fertile de ces riches plaines est formé des éléments qui constituent les terrains stériles des montagnes, et que les crues d'inondation entrainent en abondance vers la mer.

Vouloir à tout prix l'insubmersibilité absolue, n'est-ce pas combattre les vues secrètes de la Providence, qui suscite de loin en loin les pluies diluviennes pour régénérer la fécondité des basses terres ?

6214

PARIS

DUNOD, ÉDITEUR,

LIBRAIRE DES CORPS DES PONTS ET CHAUSSÉES ET DES MINES,
Quai des Augustins, n° 49.

1872

EXAMEN

DES

DIVERS MOYENS PRÉCONISÉS

POUR

SOUSTRAIRE AUX INONDATIONS LES GRANDES PLAINES
DU COURS MOYEN ET INFÉRIEUR DES FLEUVES

> Le sol fertile de ces riches plaines est formé des éléments
> qui constituent les terrains stériles des montagnes, et
> que les crues d'inondation entraînent en abondance vers
> la mer.
> Vouloir à tout prix l'insubmersibilité absolue, n'est-ce pas
> combattre les vues secrètes de la Providence, qui suscite
> de loin en loin les pluies diluviennes pour régénérer la
> fécondité des basses terres?

I.

Préambule.

Les inondations sont principalement désastreuses pour
les plaines du cours moyen et inférieur de nos grands
fleuves.

Cela doit être.

Ces plaines ont une vaste étendue, elles sont couvertes
de richesses, et la crue s'y présente avec sa puissance la
plus formidable.

Elles commencent sur le Rhône, au-dessous de Lyon, et

s'étendent sur la Loire, en aval du Bec-d'Allier, près Nevers.

La crue de 1856 y a atteint, sur le Rhône, à Beaucaire, le débit colossal de 14.000 mètres cubes par seconde ; sur la Loire, au Bec d'Allier, le débit de 9.000 mètres cubes.

L'importance des désastres qu'y ont causés les inondations si rapprochées de notre époque, a profondément ému les esprits et vivement excité les imaginations.

De tous côtés on s'est mis à la recherche des moyens propres à en prévenir le retour.

Parmi les moyens publiés, le système des réservoirs a surtout gagné la faveur publique, et sa simplicité apparente la lui conserve toujours.

On a beaucoup écrit pour et contre ; néanmoins l'opinion continue de flotter au milieu des controverses, bien qu'elles soient engagées depuis bientôt trente ans.

Comment se fait-il que la dissidence persiste encore sur la valeur des divers moyens proposés, et notamment sur l'efficacité des réservoirs ?

La raison m'en paraît simple.

D'une part, le problème des inondations est tellement complexe, il embrasse tant de lieux divers, tant de circonstances différentes, qu'il comporte nécessairement plus d'une solution.

L'erreur commune est de vouloir généraliser la solution dont on a constaté l'efficacité pour un lieu spécial et des circonstances déterminées.

Une tendance de même nature porte à proscrire d'une manière générale une solution dont l'insuccès particulier doit être uniquement attribué à la fausse application qui en a été faite.

Ainsi, de l'efficacité *locale* d'un ou plusieurs réservoirs, on a conclu à l'efficacité *lointaine* d'un ensemble compliqué de réservoirs.

Autrement dit, parce que des réservoirs ont été et peuvent être utilement construits pour préserver leurs alentours des inondations, on prétend que les plaines éloignées du cours moyen et inférieur d'un grand fleuve seront non moins sûrement soustraites à l'invasion des eaux par un système bien conçu de réservoirs établis dans la région montagneuse du bassin.

Ainsi, de ce que les digues des vals de la Loire, généralement mal conçues et mal construites, ont toujours été rompues par les crues extraordinaires, on a déclaré les digues insubmersibles condamnables dans toutes les circonstances.

D'autre part, il n'est pas facile d'apprécier exactement la valeur réelle d'une conception qui, comme celle des réservoirs, embrasse un si vaste ensemble d'éléments concourant à une action commune.

Une telle conception exige des explorations et des investigations de toute nature. Elle exige surtout de longs et pénibles calculs, dont les difficultés sont singulièrement accrues par l'insuffisance des méthodes rigoureuses de la science et l'obligation qui s'ensuit de recourir à des artifices d'une grande complication.

Et la plupart des auteurs de projets n'ont ni le temps ni l'occasion de poursuivre avec la suite indispensable ces longues et persévérantes études.

Esprit de système d'une part ;

D'autre part, impossibilité de pénétrer dans les complications et les détails sans nombre de l'application :

Voilà comment je puis m'expliquer la persistance du désaccord à la fin d'une période presque trentenaire de controverses plus ou moins actives.

La question reste donc toujours à résoudre pour le public.

Elle est d'un tel intérêt pour le pays, qu'elle impose le devoir d'exprimer ce qu'ils en pensent à tous ceux qui ont pu l'approfondir.

Chargé depuis quatre ans du service de la Loire, entre Briare et Nantes, je viens aujourd'hui accomplir ce devoir.

Je ne prétends point apporter dans cet écrit des théories nouvelles, des faits inconnus, des arguments inédits.

Le problème est depuis trop longtemps à l'étude pour que le champ des recherches, des calculs et des démonstrations de tout genre ne soit pas épuisé.

Je me propose simplement d'exposer de mon mieux l'abrégé de ce qui a été dit avant moi sur cette importante matière, et, dans cette revue sommaire des diverses solutions du problème offertes à la publicité, j'exprimerai mon opinion personnelle en l'appuyant sur des preuves empruntées à des auteurs dont l'autorité est généralement admise.

Mais comme, en définitive, le débat s'est resserré et semble n'être plus aujourd'hui qu'entre les deux combinaisons suivantes :

Ou soustraire aux inondations les plaines du bas fleuve, au moyen d'un système de retenues, grandes ou petites, établies dans la région montagneuse du bassin ;

Ou conserver les vastes réservoirs d'atténuation que les crues extraordinaires ont trouvés dans ces plaines, afin d'utiliser les inondations à l'accroissement de leur richesse agricole ;

J'insisterai particulièrement, dans ma dissertation, sur ces deux combinaisons principales.

Je crains que l'opinion publique ne s'écarte de la véritable voie, lorsqu'elle tente de supprimer partout les inondations; et qu'elle ne méconnaisse, dans cette conduite imprévoyante, les lois providentielles.

Si l'on examine en effet la constitution géologique des grandes vallées, on les voit formées des sédiments arrachés par les pluies torrentielles aux roches des contrées montagneuses.

Ces hautes régions restent pauvres et presque stériles, parce que les éléments de ces riches alluvions y sont isolés.

Leur mélange, dans le limon que charrie le fleuve en crue, fait au contraire la fécondité si remarquable des belles plaines qui bordent son cours inférieur.

Je termine ces réflexions préliminaires en prévenant mon lecteur que j'ai puisé mes plus forts arguments dans les savantes études, spéciales au Rhône et à la Loire, de MM. les inspecteurs généraux Belin et Comoy.

J'espère que cet avertissement le disposera à me prêter une attention bienveillante.

Si je suis assez heureux pour le convaincre, cet écrit n'aura pas été inutile. Et ma conviction se réjouira d'un résultat dont le mérite appartiendra principalement aux deux ingénieurs éminents que je viens de nommer.

II.

Le déboisement n'a pas exercé sur les crues d'inondation l'influence que beaucoup de gens lui attribuent. Le reboisement n'en diminuerait ni le nombre ni la hauteur.

———————

Les ingénieurs de tous les pays s'accordent généralement à reconnaître que les grandes crues sont très-peu influencées par les forêts.

Toutefois, le préjugé, que le déboisement est une des principales causes des inondations contemporaines, paraît encore partagé par bon nombre d'esprits éclairés.

Car on lit ce qui suit dans un rapport récent d'une commission de l'Assemblée nationale :

« Le régime des eaux de la France s'est profondément
« modifié depuis moins d'un demi siècle. Cette modifica-
« tion est surtout sensible pour celles de nos rivières qui ont
« leur source dans le massif central des Cévennes, ou dans
« les groupes de montagnes qui en sont les ramifications.
« Et la période que nous signalons est caractérisée par les
« inondations désastreuses et exceptionnelles de la Loire,
« d'octobre 1846, de mai-juin 1856 et de septembre 1866.»

Puis, un peu plus loin :

« La cause du mal est bien connue. Nous reconnaissons
« tous que le déboisement et le dégazonnement des monta-
« gnes, des collines et de quelques plateaux, le desséche-

« ment des étangs, le drainage, etc......sont les agents les
« plus actifs de cette transformation du régime de nos
« cours d'eau. »

J'ai pensé dès lors qu'il devenait utile de m'étendre sur
cette question plus que je n'aurais cru d'abord devoir le
faire.

Le fléau des inondations n'est pas un phénomène
nouveau.

Sans remonter à l'arche de Noé, on le retrouve dans
toutes les histoires.

Ses causes sont mystérieuses, et ses retours fort irréguliers, tantôt très-rapprochés, comme de nos jours, tantôt
éloignés, ainsi que cela s'est vu pour la première moité de
ce siècle.

Les vieux documents historiques, les anciennes chroniques ont conservé le souvenir de crues considérables,
désastreuses de la Loire, survenues alors que la civilisation
n'avait rien changé au caractère primitif de son bassin.

Strabon et Tacite parlent même de tentatives faites pour
lutter contre ces inondations.

Et certes on n'avait à défendre, à cette époque reculée,
ni les riches récoltes, ni les nombreux et importants cen-
tres de population de l'époque actuelle.

Mais il n'est pas possible de prouver, l'histoire à la
main, que l'intensité des crues d'autrefois n'était pas
moindre que celle des crues contemporaines.

Trouverait-on dans les chroniques tous les renseigne-
ments désirables sur les altitudes, les durées et les débits
dès crues, que cela serait néanmoins impossible.

Et voici pourquoi :

L'endiguement du lit de la Loire remonte vers le xiiᵉ siècle. Il s'est successivement étendu de Briare à Nantes, et
les levées, plusieurs fois surmontées par les crues, ont

plusieurs fois été exhaussés. notamment après la crue de
1706.

Les crues. sans être plus intenses qu'auparavant, se sont
élevées bien plus haut. on le conçoit sans peine, dans ces
lits d'écoulement de plus en plus rétrécis.

Toutefois, il y a une cause de surélévation du niveau
qui échappe à l'attention commune (*), et dont la science
ne donne pas d'ailleurs le moyen d'apprécier exactement
les effets : c'est l'augmentation du débit maximum produite
par un endiguement, augmentation d'autant plus marquée
que la longueur continue de cet endiguement est plus
grande.

Ainsi, parce que les chroniques ne renferment aucune
indication utile sur l'intensité des crues, et parce que les
travaux de défense successivement exécutés dans la vallée
ont sans cesse modifié les conditions de leur lit d'écoulement, il n'est vraiment pas possible de savoir si les crues
sont plus ou moins violentes en ce temps-ci qu'au temps
passé.

Pourtant, l'histoire permet d'affirmer ce point essentiel.
que la plus grande crue des siècles antérieurs aux endiguements se présenterait de nos jours avec une apparence
bien plus formidable, à cause de la surélévation que lui
donneraient ces endiguements.

Elle affirme cet autre point, que jadis les inondations
désastreuses étaient beaucoup plus fréquentes (**) qu'elles
ne l'ont été dans le siècle présent.

On compte douze de ces inondations désastreuses dans
la seconde moitié du vi⁰ siècle et dix-sept dans le xv⁰.

(*) M. l'inspecteur général Comoy a mis cette cause en pleine
lumière dans son remarquable mémoire sur l'*Endiguement des rivières*, publié en 1861.

(**) Voir le très-intéressant ouvrage de M. Champion sur les
Inondations des fleuves de la France.

Dès lors que les preuves historiques faisaient défaut, les ingénieurs les ont cherchées dans l'étude du mode d'action des bois.

Je ne puis mieux faire que de reproduire ici les résultats des observations de chaque auteur.

Polonceau. — Mémoire sur les débordements, publié en 1847.

« Les déboisements de nos montagnes sont de beaucoup
« antérieurs à l'époque présente. Leur action, s'il était
« reconnu qu'ils en ont une, se serait donc fait également
« sentir sur les crues antérieures. . . . .

« . . . .

« Le reboisement des pentes rapides, recommandé par
« certains écrits comme le principal et le meilleur moyen
« d'empêcher le retour des inondations, ne peut exercer
« qu'une influence *extrêmement faible.*

« Les arbres, les taillis, leurs broussailles, n'absorbent
« que des quantités d'eau peu considérables, *à peu près*
« *nulles* par rapport aux masses prodigieuses des pluies
« qui produisent les crues extraordinaires. Et, une fois
« mouillés, ils ne retardent plus la descente des eaux. »

Dans un ouvrage très-apprécié sur les inondations, publié en 1857, M. l'ingénieur Vallès établit que le reboisement des montagnes serait sans effet sur les crues, et il exprime même l'opinion que le reboisement général pourrait peut-être les rendre plus violentes.

« Quant aux contrées inférieures, on peut même soute-
« nir que les forêts augmenteraient l'intensité et la rapi-
« dité de l'écoulement de surface, bien loin de les dimi-
« nuer. Car les plateaux et les collines de ces régions
« moyennes appartiennent le plus souvent aux terrains
« calcaires de l'époque secondaire, dont les nombreuses

« fissures absorbent les eaux qui ont traversé la couche
« végétale. »

*Études hydrologiques du bassin de la Seine, par M. l'inspecteur
général* BELGRAND.

(*Annales* 1846, pages 149 à 154.)

« Quelques ingénieurs admettent que le reboisement est
« le moyen le plus efficace d'obtenir la régularisation du
« débit des rivières.

« Tout en reconnaissant que le reboisement peut avoir
« un bon effet en diminuant les produits de l'évaporation
« et en augmentant le produit *annuel* des pluies, je ne
« puis admettre qu'il produirait le résultat qu'on espère.

« Je pourrais citer un grand nombre de rivières dont
« les versants sont très-boisés et qui sont loin d'avoir un
« régime régulier. »

Comme conséquence de ses observations comparatives
sur le régime des cours d'eau à versants boisés et non boisés,
M. Belgrand ne voit qu'un seul moyen de régulariser le
débit des rivières, c'est-à-dire d'obtenir que le débit d'é-
tiage s'écarte le moins possible de celui des crues.

« C'est, dit-il, de rétablir dans les parties supérieures
« des vallons granitiques du Morvan, où le terrain a peu de
« valeur, les étangs qui s'y trouvaient autrefois en grand
« nombre. »

Rapport, du 31 décembre 1860, de M. l'inspecteur général COMOY,
directeur des études sur les inondations de la Loire.

« Il ne paraît donc pas possible d'admettre que le déboi-
« sement et les progrès de l'agriculture entrent pour quel-
« que chose dans les dernières grandes crues qu'a subies la
« vallée de la Loire.

« Ce serait, à mon sens, une grande illusion que d'es-
« pérer pouvoir rendre de pareilles crues inoffensives en
« reconstituant les forêts abattues, et cherchant à s'opposer
« au rapide écoulement de l'eau qui tombe sur les terrains
« cultivés.

« En ce qui concerne les forêts, j'ai voulu me rendre
« compte de la surface qu'il serait possible de reboiser
« dans le bassin de la Loire.

« J'ai fait faire le relevé des terrains des régions mon-
« tagneuses, qui sont incultes ou qui sont cultivés sur des
« coteaux trop abruptes pour que la culture puisse s'y
« faire avec avantage.

« La surface de ces terrains est en totalité de 2.700 ki-
« mètres quarrés, c'est-à-dire de moins du 1/40ᵉ de la su-
« perficie totale du bassin de la Loire.

« La plupart d'entre eux sont en outre presque entière-
« ment formés de rochers. Les forêts y seraient difficiles à
« établir, et en tous cas elles auraient peu d'action sur les
« eaux.

« Donc, quand même le reboisement pourrait exercer
« une action favorable sur les grandes crues, *ce qui est*
« *très contestable, ainsi que je l'ai déjà dit*, la faible super-
« ficie des terrains sur lesquels il conviendrait de le pra-
« tiquer dans le bassin de la Loire le rendrait sans impor-
« tance. »

Rapport, du 3o novembre 1862, de M. l'inspecteur général BELIN,
directeur des études sur les inondations du Rhône.

« Tout le monde est d'accord sur l'heureuse influence
« des reboisements pour consolider les terrains à forte dé-
« clivité, et sans doute pour réduire dans certaines loca-
« lités les énormes quantités de matières que charrient les
« torrents.

« Mais l'action des forêts dans le sens d'une diminution

« notable des crues de débordements des grands cours
« d'eau est aujourd'hui, et avec raison, très-contestée. Et il
« suffit de ce motif, abstraction faite de toute autre consi-
« dération, pour écarter l'idée de résoudre par des reboi-
« sements le problème des inondations. »

Études théoriques et pratiques de M. l'inspecteur général DUPUIT
sur le mouvement des eaux.

« La culture, en ameublissant la terre, augmente sa fa-
« culté d'absorption, et par conséquent diminue la quantité
« d'eau qui s'écoule à la superficie. Quant à la quantité
« d'eau retenue sur les feuilles des arbres, elle est tout à
« fait insignifiante, et certainement moindre que celle qui
« est retenue par les plantes d'un terrain cultivé.
« Qu'une pluie de 2 à 3 centimètres vienne à tomber,
« évidemment l'hectare de forêt en laissera plus échapper
« que l'hectare de pré ou que l'hectare de blé ou de chan-
« vre. »

Voilà donc ce que pensent, sur la matière, des hommes
qui ont occupé ou occupent le rang le plus élevé parmi les
ingénieurs de l'État, et dont l'autorité est surtout due à la
place qu'ils ont dans l'estime publique par leurs œuvres et
leurs lumières spéciales.

N'est-il pas juste d'en conclure que, s'il est vrai que le
régime des crues de nos cours d'eau soit différent de ce
qu'il était autrefois, les déboisements, les défrichements et
les progrès de la culture n'en sont pas la cause?

La petite influence des changements climatériques, qu'ont
produits ces améliorations incessantes de l'état social, s'ef-
face entièrement devant l'incroyable puissance des phénomènes météorologiques d'où sortent les crues extraordinaires.

Les nuées immenses qui, parties du fond de l'Océan,

viennent fondre à l'improviste sur les régions supérieures de nos bassins, y versent en quelques heures des tranches d'eau de 40 à 80 (*) centimètres d'épaisseur.

Et comme la nature a disposé toutes choses, dans ces hautes régions, pour que les eaux tombées sur le sol descendent à la fois dans la vallée principale,

Savoir :

« *Sommets élevés, par conséquent pentes rapides, versants* « *abruptes, terrains de cristallisation ou volcaniques, c'est-* « *à-dire les plus imperméables, ravins rayonnants ou con-* « *courant au même point;* »

Il n'est vraiment pas possible d'admettre que les si petites causes dont s'est préoccupée l'opinion publique exercent une action tant soit peu appréciable sur des causes d'une pareille énergie, d'une aussi formidable intensité.

Quant au drainage, il n'est nullement prouvé que le sens de son influence soit celui que l'on suppose.

Loin d'accélérer l'écoulement des pluies, il peut bien se faire qu'il le retarde.

Qu'on veuille bien considérer, en effet, que le sol, auparavant imperméable et sur lequel l'eau était forcée de ruisseler, a été rendu absorbant sur une épaisseur d'environ $1^m,20$, et que l'eau, avant d'arriver jusqu'aux drains, est contrainte de traverser lentement cette épaisse couche de terre.

(*) Dans un *Mémoire sur les inondations de l'Ardèche* (*Annales*, 1861), M. l'ingénieur en chef de Mardigny cite une tranche d'eau de $0^m,79$ tombée en 21 heures.

Une inondation anormale de l'Hérault, dit M. l'ingénieur Duponchel dans son *Traité d'hydraulique et de géologie agricoles*, a été produite par une pluie torrentielle qui a duré plusieurs heures et n'a pas fourni moins de $0^m,10$ par heure.

D'ailleurs, cette amélioration est beaucoup trop récente et encore trop peu répandue dans la plupart des départements, ainsi que la statistique en témoigne, pour que son influence ait pu se faire sentir.

Le drainage doit à peine exister surtout dans la région montagneuse du bassin de la Loire, où se forment les crues extraordinaires de ce fleuve.

III.

Les dérivations du fleuve, les petits barrages dans le lit des torrents seraient sans effet. Le creusement général du lit de la Loire est impraticable.

1° Dérivations.

On n'a pas une idée nette du volume énorme d'eau qui passe dans le lit d'un fleuve en une seule seconde.

Sans quoi, l'opinion n'aurait pas accepté si facilement et ne partagerait plus le préjugé que conservent certains auteurs des projets de dérivations présentés pour conduire aux grandes villes l'eau nécessaire à leur assainissement, ou pour fertiliser des terres peu productives.

L'eau que nous enlèverons au fleuve, disent ces auteurs, abaissera le niveau des grandes crues. Notre projet est donc en même temps un préservatif contre les inondations.

Deux mots seulement suffiront pour faire reconnaître l'erreur complète où l'on est sur ce point.

Le débit par seconde de la crue de 1856 au Bec-d'Allier était de 9.000 mètres cubes ; c'est-à-dire que, pendant chaque seconde, il passait dans le lit ce volume énorme de 9.000 mètres cubes.

Qu'on en retranche les 10 mètres cubes par seconde qu'un canal de dérivation de grande dépense prendrait au fleuve, il conserverait encore, on le voit, un débit de 8.990 mètres cubes.

C'est-à-dire que l'effet de ce grand canal serait à peu

près nul. Il ne produirait pas dans le niveau de la crue susdite un abaissement visible aux échelles du fleuve.

Les seules dérivations efficaces sont celles qui ouvrent à
l'écoulement des crues toute la largeur de la vallée, et qui
consistent à pratiquer dans la levée du lit endigué un long
abaissement sur lequel on fait passer une forte part du débit
total de la crue, comme 2.000 mètres cubes par seconde,
c'est-à-dire plus qu'il n'en passe à Paris dans la plus grande
crue de la Seine.

La vallée de la Loire, entre Briare et Blois, en offre trois
exemples :

D'abord, l'abaissement ou le déversoir de la levée du
val de Saint-Martin, en amont de Gien ;

Puis, le déversoir de Mazan ou du val de Mareau, en face
Beaugency ;

Et le déversoir, établi en amont de Blois, qui partage
le débit des crues entre le val de Blois et le lit endigué du
fleuve.

Le but de cet écrit est précisément de démontrer que la
meilleure solution du problème des inondations se trouve
dans ces dérivations spéciales, *que les crues extraordinaires n'ont jamais, du reste, manqué de se créer en faisant
brèche dans les levées des vals endigués.*

2° Petits barrages dans le lit des torrents.

L'effet de ces petits barrages est la transformation d'un
lit rapide offrant une pente continue, en un lit à pente très-
douce présentant une succession de chutes.

A l'origine des études poursuivies pour apprécier la
valeur des divers moyens propres à atténuer la violence
des crues du fleuve, quelques ingénieurs attendaient un
bon résultat de cette transformation.

Mais on a reconnu bientôt qu'elle ne retarderait pas

sensiblement la descente des eaux, quand elles sont abondantes.

Le seul effet utile des petits barrages est d'arrêter les progrès des ravinements.

3° *Le creusement général du lit de la Loire est impraticable.*

Le spectacle des désastres causés par les inondations de 1856 et 1866 avait excité dans les imaginations une telle effervescence, qu'on a même été jusqu'à proposer d'enlever les sables qui semblent encombrer le lit de la Loire, ou pour mieux dire de creuser son lit d'un bout à l'autre.

Une pareillle proposition est assurément la meilleure preuve qu'on puisse donner de l'état d'exaltation des esprits.

Par un calcul rapide on aurait en effet reconnu que, pour ôter une couche d'un mètre d'épaisseur seulement, il faudrait transporter derrière les levées 400 millions de mètres cubes de sables, dépenser en conséquence *au moins 400 millions,* et de plus condamner à la stérilité les terres riveraines sur lesquelles ces sables seraient déposés.

Entreprise gigantesque sous le rapport de la dépense, et qui ferait plus de mal aux terres de la vallée que l'inondation la plus désastreuse.

IV.

On n'atténuerait en rien la puissance de la crue en faisant disparaître toutes les plantations du lit endigué.

Ce sujet est particulier à la Loire, dont le lit est endigué sans interruption de Briare à Angers.

Après chaque inondation, le cri public a réclamé l'enlèvement *radical* des plantations existant sur les îles et les rives enfermées entre les digues.

Les populations riveraines s'exagèrent beaucoup la portée de l'influence pernicieuse de ces plantations.

Sans doute elles peuvent être une cause d'intumescence sur certains points, soit parce qu'elles sont trop pressées, soit parce que le lit endigué est déjà trop étroit.

Toutefois, il est difficile d'admettre qu'il existe beaucoup de points, dans tout le cours du fleuve, où les plantations soient assez épaisses pour rétrécir la section du lit endigué au même degré que les piles et les tympans d'un pont en maçonnerie, le pont d'Orléans par exemple.

Or, la dénivellation de l'amont à l'aval de ce pont, pendant le maximum de la crue de 1856, n'a pas dépassé $0^m,17$.

Une intumescence de 17 centimètres semble donc être en quelque sorte le maximum de l'effet nuisible des plantations.

Ai-je besoin de dire que j'en excepte les très-rares plantations, concentrées sur un seul côté du lit, qui rejettent *tout* le courant sur l'autre côté ?

Cet effet est du reste exclusivement local, comme celui des étranglements du lit.

En aval, on ne s'en ressent en aucune façon.

Qu'on supprime les plantations capables de surélever de 17 centimètres le niveau des crues. On fera certainement œuvre de prévoyance.

Car cette simple surélévation de 17 centimètres pourrait mettre en danger les levées, quand les hautes eaux sont près d'atteindre le niveau menaçant pour leur solidité.

Mais, puisque l'on n'en retirerait aucun avantage au point de vue de l'atténuation des crues, pourquoi supprimerait-on les plantations là où elles ne sont pas un obstacle à leur écoulement?

Il n'y a pas plus de raison pour les détruire que pour supprimer un pont dont le débouché serait suffisant.

On doit d'autant plus hésiter d'ailleurs à admettre un abatage général des plantations, qu'on modifierait profondément par cette mesure les conditions de culture des terrains plantés.

Car il importe de considérer :

Que les plantations sont le moyen de défense le plus habituel des bords du lit et des îles ;

Que dans les îles, la culture très-productive ne peut le plus souvent se pratiquer que sous la protection des haies ;

Enfin, que la plupart des îles, îlots et chantiers n'ont de valeur que par l'exploitation réglée de leurs arbres et oseraies.

La suppression générale des plantations aurait donc pour résultat d'annuler en quelque sorte la valeur d'une étendue considérable de propriétés.

Cela ne se ferait pas, il n'est pas besoin de le dire, sans payer aux propriétaires cette dépréciation.

En sorte que, indépendamment des productions qui seraient perdues pour la consommation publique, la mesure imposerait à l'État une très-lourde dépense.

Cette dépense atteindrait en effet près de 5.000.000 francs d'après l'aperçu sommaire ci-dessous :

Distance de Briare à Nantes. . . . . . . 400.000 mètres.
Largeur moyenne du lit endigué. . . . . 1.000 —
Largeur moyenne du lit naturel, au plus. 500 —
Surface des chantiers et îles. . . . . . . 20.000 hectares.

20.000 hectares = 400.000 mètres × 500 mètres.

En supposant que le quart seulement de cette surface devienne improductif par l'enlèvement des plantations, et n'estimant la dépréciation qu'à 1.000 francs l'hectare, l'indemnité totale serait de 5 millions de francs.

En voilà assez, je crois, pour démontrer : que l'opinion s'égare en attribuant aux plantations du lit endigué de la Loire une influence générale sur l'intensité de ses crues ; et qu'il est raisonnable de supprimer simplement les plantations reconnues nuisibles dans l'emplacement qu'elles occupent.

V.

**Il est impossible d'agrandir le lit endigué, soit par l'ex-
haussement de ses levées, soit par leur écartement.**

Tout ce que je vais dire sur cette question, spéciale à la
Loire comme la précédente, est emprunté aux rapports et
mémoires de M. l'inspecteur général Comoy sur les inondations.

On trouve dans ces mémoires, où les divers aspects
du problème sont examinés avec une grande supériorité de
vues, tous les éléments d'une appréciation suffisamment
exacte des divers moyens proposés pour la défense des
plaines de la Loire.

L'endiguement de la vallée de ce fleuve n'est pas le résultat de travaux récents.

Les documents historiques témoignent qu'on y a tra-
vaillé fort activement dans le XIIe siècle.

Jusqu'à la fin du XVIIe siècle, la hauteur des levées est
restée fixée à 15 pieds par les règlements de Sully et de
Colbert.

Mais après la crue de 1706, et malgré de vives opposi-
tions dont on retrouve la trace dans les écrits du temps,
cette hauteur fut portée à 21 pieds.

Cette disposition est celle qui subsiste encore aujour-
d'hui. La seule modification qu'on y ait apportée, à la suite
de la crue de 1846, consiste dans une banquette de 0^m,60

à 1 mètre de hauteur, dont on a couronné la digue du côté du fleuve.

Le lit endigué de la Loire n'est pas renfermé, comme on pourrait le croire, entre deux digues ou levées se faisant face sur les deux rives.

Dans sa longue vallée, le fleuve baigne constamment l'un des coteaux ; et, de temps en temps, il traverse la plaine pour passer de l'un à l'autre.

Il s'ensuit qu'en général il n'existe de digues que sur une rive.

Le coteau en tient lieu sur l'autre.

Ces digues, établies presque partout sur le bord même du lit naturel, laissent au lit des grandes eaux des largeurs très-variables.

En groupant les parties du fleuve qui ont le plus d'analogie, on trouve que ces largeurs sont moyennement de

Savoir :

	kilom.
Du Bec-d'Allier à Briare.	1,43
De Briare à l'embouchure du Cher.	0,79
Du Cher aux ponts de Cé.	1,06
Des ponts de Cé à Nantes.	1,62

La largeur moyenne *générale* du lit endigué, entre le Bec-d'Allier et Nantes, est de 1^k,09.

Mais la largeur réelle s'écarte parfois beaucoup de ces largeurs moyennes.

Sur un point, elle atteint jusqu'à 2.200 mètres, tandis que sur d'autres elle descend à 300 mètres.

On trouve même une largeur de 250 mètres en amont du pont de Jargeau, et une largeur de 250 mètres vers Blois.

Si la largeur du lit endigué est inégale, celle de la vallée ne l'est pas moins.

En dehors des deux élargissements exceptionnels qu'elle

présente, l'un vers Orléans, l'autre vers Saumur, sa largeur moyenne entre le Bec-d'Allier et Nantes, c'est-à dire sur une longueur de 487 kilomètres, est de 2^k.28.

Il a été dit que le fleuve, toujours appuyé au pied d'un coteau, passait fréquemment de l'un à l'autre.

Ces passages divisent la vallée en parties distinctes, qui constituent ce qu'on appelle les vals de la Loire.

Il y a quatorze de ces vals sur la rive droite et dix-sept sur la rive gauche.

Le grand val d'Orléans a 58 kilomètres de longueur. Sa largeur moyenne est de 3.400 mètres, et sa largeur maximum de 9.000 mètres.

Le grand val de l'Authion, en face Saumur, a 77 kilomètres de longueur. Sa largeur moyenne est de 4.200 mètres, et sa largeur maximum de 10.000 mètres.

La superficie totale des vals réunis est de 95.617 hectares.

La longueur totale des digues ou levées étant de 485 kilomètres,

Il s'ensuit que la surface protégée par chaque kilomètre de digue est moyennement de 197 hectares.

Telle est la situation actuelle de la défense de cette grande vallée.

OEuvre mal conçue et souvent mal exécutée des siècles passés, mais qui n'en reste pas moins une œuvre utile dans son ensemble.

Le but des générations qui nous ont légué cet endiguement défectueux était de soustraire les vals à toutes les crues sans exception.

L'expérience a cruellement prouvé qu'elles poursuivaient un but chimérique.

Avec plus de lumières, elles se seraient bien gardées de l'entreprendre.

Car le raisonnement démontre, ainsi qu'on va le voir, qu'il est également impossible de songer à contenir les crues extraordinaires dans un lit endigué, soit en exhaussant les levées actuelles, soit en les reculant.

IMPOSSIBILITÉ DE L'EXHAUSSEMENT.

Les formules de l'hydraulique ne sont presque d'aucun secours quand il s'agit des écoulements irréguliers et désordonnés des crues d'inondations violentes. Elles ne pouvaient donc servir à apprécier l'élévation que prendrait en chaque point une nouvelle crue de 1856, si le lit endigué devenait capable de la contenir dans toute sa longueur.

M. Comoy a dû laborieusement rechercher des méthodes nouvelles de calcul.

A l'aide de ses ingénieux artifices, il est toutefois parvenu à reconnaître, avec un degré d'exactitude suffisant, l'exhaussement qu'il serait nécessaire de donner à la plate-forme de la levée, dans l'étendue de chacun des vals successifs.

Cet exhaussement est, en moyenne, de 2 mètres à $2^m,5o$.

Il dépasse, en quelques endroits, $3^m,5o$

Si les nombreuses populations établies, d'un côté sur les digues, de l'autre côté sur le coteau, à la limite du niveau actuel des plus grandes crues, ne constituaient pas un obstacle insurmontable à l'entreprise de l'exhaussement des levées, l'énormité de la dépense suffirait seule pour la rendre impossible.

Un exhaussement de $2^m,5o$, opéré sur des remblais qui manquent déjà de la solidité nécessaire pour résister aux filtrations, exigerait un revêtement général du talus intérieur en bonne maçonnerie hydraulique.

Remblai et perré maçonné, pour une longueur totale de 440 kilomètres de digues, ne coûteraient pas moins de 60 à 70 millions.

Mais ce n'est pas tout.

Les quinze ponts en pierre et les dix-neuf ponts suspendus dont le débouché est à peine suffisant dans les conditions d'écoulement actuelles, deviendraient tout à fait in-suffisants du jour où la totalité des eaux de la crue, aujour-d'hui divisées entre le val et le lit endigué, serait obligée de passer sous les arches.

Leur reconstruction serait inévitable, parce qu'ils seraient noyés sous une surélévation de 2^m,5o du niveau des crues extraordinaires.

De ce chef, la dépense serait d'environ 4o millions (*).

La dépense totale de l'exhaussement ne s'élèverait donc pas à moins de 1oo millions.

Et cette évaluation suppose les levées entièrement libres, c'est-à-dire l'absence complète des villages et des con-structions qui occupent leur couronnement et leurs talus sur une bonne partie de leur longueur.

On est donc bien fondé à dire que l'entreprise de l'exhaussement des digues est impraticable, par la seule raison de l'énormité de sa dépense.

IMPOSSIBILITÉ DE L'ÉLARGISSEMENT.

Pour l'élargissement du lit endigué, de même que pour son exhaussement, la situation actuelle des choses crée une impossibilité d'ordre moral : c'est l'existence des popula-tions abritées sur ou par les digues.

L'élargissement aurait pour conséquence la destruction de nombreux villages, de la ville de Jargeau dans le Loiret et d'une partie de la grande cité de Tours.

Mais, dans le cas même où cette difficulté capitale n'exis-

(*) Les quinze ponts en pierre coûteraient :

15 × 37o mètres × 5.ooo francs = 27.75o.ooo francs.

Les dix-neuf ponts suspendus coûteraient :

19 × 37o mètres × 1.8oo francs = 12.65o.ooo francs.

terait pas, l'opération n'en resterait pas moins impraticable :

Parce que le lit endigué est tellement étroit, qu'on ne pourrait lui donner la largeur nécessaire qu'en reconstruisant la presque totalité des levées, et que le territoire protégé se trouverait alors si réduit, que la grandeur de la dépense ne serait plus justifiée par l'intérêt de la protection.

Quelle est donc cette largeur nécessaire du lit endigué de la Loire ?

La solution de cette question me paraît se trouver dans la comparaison qui suit des résultats et des conditions des deux endiguements du Pô et de la Loire.

La comparaison s'applique :

Pour la Loire, entre le Bec-d'Allier et Nantes ;

Pour le Pô, à la partie de ce fleuve comprise entre les deux embouchures du Tessin et du Passaro.

Sa longueur, dans cette étendue, est de 266 kilomètres.

Sur toute cette longueur, il est contenu entre deux digues latérales, hautes de 9 à 10 mètres, ayant ensemble un développement de 514 kilomètres.

	LOIRE	PÔ
Superficie du bassin en kilomètres quarrés. . . .	115.121	69.465
En amont du Bec-d'Allier pour la Loire.		
En amont de l'embouchure du Tessin pour le Pô.		
Pentes du fleuve. { Maximum.	0,435	0,288
Moyenne.	0,313	0,185
Minimum.	0,136	0,117
Débit maximum par seconde de la plus grande crue.	8.865 mèt. cubes	5.200 mèt. cubes
Lieu où ce débit a été observé.	Briare.	au – dessous du Tessin.
Débit total de la plus grande crue, en millions de mètres cubes.	2.550	1.896
Durée de l'écoulement de la crue.	10 jours 1/2	4 jours 1/2
Lieu où cette durée a été observée.	Orléans.	inconnu.
Hauteur maximum de la plus grande crue.	7^m,43	8^m,58
Lieu d'observation de cette hauteur.	Pont d'Orléans.	Ponte-Lagoscuro au-dessous du Passaro.
Lit endigué. { Hauteur de la plate-forme des digues sur l'étiage.	7 mètres.	9 à 10 mètres.
Largeur entre les digues.	1^k,09	2^k,18
Nombre d'hectares protégés par chaque kilomètre de digue.	197	630

Cette comparaison sommaire est assurément le meilleur argument contre les digues de la Loire.

Dans l'immense vallée du Pô, la dépense de l'endiguement est justifiée par l'étendue considérable de la plaine à protéger, 630 hectares par chaque kilomètre de digue,

Tandis que, dans la vallée relativement étroite de la Loire, on n'aurait trouvé aucun intérêt à rendre insubmersibles la plupart des vals, si l'on avait connu, à l'époque déjà reculée de l'endiguement, la largeur que devrait avoir le lit endigué.

En effet :

Puisque sur le Pô, dont le débit maximum est de 5.200 mètres cubes, les ingénieurs italiens ont donné 2.180 mètres
de largeur au lit des crues,

Ce qui n'a pas empêché d'élever le couronnement des
digues jusqu'à 10 mètres au-dessus de l'étiage,

Au moins paraît-il nécessaire. d'adopter cette largeur de
2.180 mètres pour la Loire dont le débit maximum est de
8.865 mètres cubes, et bien que la plus grande rapidité
de son cours exige un lit moins grand pour un débit égal à
celui du Pô.

Au lieu de cela, les populations peu éclairées des siècles
antérieurs n'ont laissé au lit endigué qu'une largeur de
1.090 mètres, juste la moitié de la largeur du Pô.

Et malgré ce resserrement extrême du lit des crues, elles
n'ont réussi cependant qu'à défendre 197 hectares par kilomètre de levée.

On voit par là que les levées devraient être reconstruites
dans toute leur longueur à 1.000 mètres en arrière de leur
emplacement actuel, et que le résultat de cet élargissement
général serait de réduire la surface devenue insubmersible
à 97 hectares par kilomètre de digue.

Dans l'hypothèse où la vallée serait libre et rendue à son
état naturel. la défense *absolue* du plus grand nombre des
vals ne serait déjà pas motivée. La dépense serait beaucoup trop forte pour l'exiguïté du territoire soustrait aux
crues extraordinaires.

Mais, dans la situation actuelle, la dépense de cette protection *absolue* par le moyen du reculement des levées
serait hors de toute proportion avec l'importance dudit
territoire.

Car le déplacement des levées à 1.000 mètres de distance de leur position actuelle entraînerait la reconstruc-

tion du chemin de fer placé sous leur protection dans les vals de la Cisse et de l'Authion.

Et M. l'inspecteur général Comoy estime à 100 millions cette dépense spéciale, qui s'ajouterait à celle de la reconstruction propre des digues.

VI.

**La conception d'un immense réseau de rigoles horizontales
étendu sur le bassin ne peut pas se réaliser.**

C'est à M. Polonceau, ingénieur d'un talent incontesté,
que l'on doit, je pense, la première idée de couvrir le bassin
des grands cours d'eau d'un vaste réseau de rigoles horizontales qui retiendrait la partie dangereuse du volume des
crues.

Il a soutenu cette conception dans une brochure publiée
en 1847.

Ses fossés horizontaux ont 1^m,50 de largeur au sommet,
0,50 au plafond et 0,50 de profondeur.

D'où il suit que chaque mètre linéaire de fossé reçoit un
demi-mètre cube d'eau.

Quant à leur espacement, il le réduit à 50 mètres.

Avec cet espacement de 50 mètres, contre lequel l'agriculture protesterait selon toute vraisemblance, on obtient
deux rigoles de 100 mètres par hectare, ou 200 mètres li-
néaires de rigoles représentant un volume d'eau retenue de
100 mètres cubes par hectare.

Je ne prétends pas contester l'utilité et l'efficacité de la
conception, quand il s'agira simplement de l'appliquer sur
un terrain favorablement disposé par son relief, par sa nature, et dont l'étendue ne dépassera pas d'ailleurs certaines
limites.

Mais je soutiens que son application n'est pas réalisable,

quand il faut l'étendre à l'emploi d'un vaste bassin, comme celui de la Loire.

Le débit maximum par seconde de la crue extraordinaire de 1856, au-dessous du confluent de l'Allier, a été de 9.000 mètres cubes. Et le volume total des eaux de cette crue, sur le même point, n'est pas évalué à moins de 2 milliards 550 millions de mètres cubes.

Comme le lit de la Loire, tel qu'il est limité par ses levées en aval du Bec-d'Allier, peut contenir au plus un volume de 6.000 à 6.500 mètres cubes par seconde, c'est à ce débit qu'il faut réduire le débit maximum de la plus grande crue connue, au moyen des retenues opérées dans la région supérieure du bassin.

Avec le système des réservoirs étudié par M. l'inspecteur général Comoy, et dont il sera parlé plus loin, on parvient à emmagasiner 520 millions de mètres cubes, et le résultat théorique de cette puissante retenue doit être de réaliser la réduction susdite du débit maximum de la crue de 1856.

Bien qu'opérant une pareille retenue avec le système des fossés horizontaux, il ne faudrait pas compter sur un effet d'atténuation égal du débit maximum,

Parce que les vastes réservoirs de M. Comoy agissent non-seulement en diminuant le volume des eaux de la période de croissance, mais plus encore en évitant la coïncidence des crues à leurs confluents.

Cependant je veux bien admettre que l'emmagasinement des fossés horizontaux exerce une atténuation comparable à l'emmagasinement des réservoirs.

L'emploi du système n'est possible, en tous cas, comme on vient de le voir, qu'à la condition de pouvoir retenir 520 millions de mètres cubes.

C'est-à-dire que le réseau des rigoles horizontales devra présenter un développement linéaire total de 1.040 millions de mètres.

Est-il possible que cela soit?

Evidemment non.

En effet, la superficie totale du bassin de la Loire en amont du Bec-d'Allier est de 3.255.000 hectares, d'après M. Comoy.

Et si, pour le bassin de la Saône, M. Polonceau évalue (*) au tiers de la surface totale du bassin les terrains qui ne se prêtent pas à l'emploi des fossés, *a fortiori* convient-il d'exclure ce tiers de la superficie totale, pour le bassin de la Loire où le rocher est souvent à fleur du sol et dont les versants sont généralement abruptes.

La superficie disponible pour l'ouverture des fossés se trouvera conséquemment réduite à 2.135.000 hectares, qui ne permettent qu'un développement total linéaire de rigoles aû plus égal à 430 millions ; *tandis que ce développement devrait atteindre 1.040 millions de mètres.*

Indépendamment d'ailleurs de cet obstacle radical, les objections décisives se pressent contre la conception dont il s'agit.

En premier lieu, la dépense serait exorbitante.

L'auteur n'estime le mètre courant de fossé qu'à $0^f,20$, parce que son estimation néglige et la valeur des terrains perdus pour la culture, et les frais d'entretien du réseau.

De sorte que le mètre cube d'eau retenue ne reviendrait, selon lui, qu'à $0^f,40$.

Or, le terrain perdu est de 3 mètres superficiels par mètre cube d'eau, lesquels valent $0^f.30$, en n'évaluant l'hectare qu'à 1.000 francs.

C'est donc déjà $0^f,70$ (*et non pas* $0^f,40$) que coûtera le mètre cube d'eau, sans les frais d'entretien.

(*) *Note sur les débordements*, pages 34 à 36. La superficie totale du bassin de la Saône étant de 2.980.000 hectares, M. Polonceau réduit à 2 millions d'hectares les terrains sur lesquels on pourra établir des rigoles horizontales.

Quant à ces frais, en supposant que le vingtième seulement des fossés devra être refait chaque année, ils augmenteront encore de $0^f,02$ le prix du mètre cube d'eau.

En définitive, le mètre cube d'eau retenue ne saurait revenir, on le voit, à moins de $0^f,72$.

Pour les 520 millions de mètres cubes qu'il faudrait emmagasiner, la dépense s'élèverait donc au chiffre colossal de 364 millions,

Tandis que la dépense de l'ingénieux système de réservoirs étudié par M. Comoy n'atteindrait qu'un total de 65 millions, (page 52),

Soit $0^f,15$ par mètre cube d'eau retenue, au lieu de $0^f,72$.

En deuxième lieu, la pluie d'inondation peut être précédée, ainsi qu'en 1856, d'une pluie assez intense pour remplir à peu près entièrement le réseau des rigoles horizontales.

Dans ce cas les choses se passeront, bien entendu, comme si ce système créé à grands frais n'existait pas.

En troisième lieu, il est essentiel que la capacité de retenue soit sans cesse entièrement disponible, et conséquemment que le profil d'exécution des rigoles soit maintenu par une organisation d'entretien dont la vigilance ne serait jamais en défaut.

Or, cette organisation serait-elle facile à établir, et oserait-on affirmer qu'une fois établie elle subsisterait perpétuellement ?

Ce qui est bien plus vraisemblable, c'est qu'après plusieurs années de sécurité, on aurait complétement oublié la destination de ces rigoles, que leur entretien serait suspendu, et qu'elles auraient cessé d'être le jour où elles deviendraient nécessaires.

En quatrième lieu, sur les versants fortement inclinés du bassin montagneux de la Loire, ce n'est pas seulement une partie des eaux, mais la totalité des eaux qu'il faudrait retenir.

Car le trop-plein des rigoles s'écoulant et s'ajoutant de l'une à l'autre, elles seraient bien vite emportées par les ravinements.

De sorte qu'il faudrait les recommencer après chaque averse : sans compter qu'alors elles pourraient devenir nuisibles plutôt qu'utiles.

L'examen de la conception des rigoles horizontales conduit donc à une conclusion formelle contre son emploi dans le bassin de la Loire.

VII.

L'efficacité du système des réservoirs est incertaine.

La conception des réservoirs se présente si naturellement à l'esprit, elle est si logique, si simple à première vue, qu'elle s'est emparée fortement de l'opinion.

La nature, disent ses défenseurs, a créé des lacs régulateurs des eaux vers l'origine de plusieurs grands fleuves.

Imitons la nature.

Puisque les crues d'inondation des plaines vastes et fertiles du *bas fleuve* se forment dans les régions montagneuses du bassin;

Puisque tout le monde paraît s'accorder sur ce point;

Attaquons le mal dans son principe.

Jusqu'ici, on ne s'est guère occupé qu'à le combattre dans toute sa force, en lui opposant de fortes digues fort dispendieuses.

Supprimons les digues, devenues plus dangereuses qu'utiles par l'excès de leur hauteur; abaissons-les pour le moins, et ne tardons plus à créer de nombreuses ou de vastes retenues dans les vallées petites ou grandes du bassin supérieur.

On semble avoir perdu de vue :

Que malgré l'immense lac de Genève, le Rhône a des inondations non moins violentes et désastreuses que celles de la Loire ;

Que le Pô, malgré les lacs placés par la nature dans les

vallées de ses affluents, dévasterait souvent les magnifiques plaines de la Lombardie, s'il n'était contenu entre deux puissantes digues de 9 à 10 mètres de hauteur, depuis l'embouchure du Tessin jusqu'à l'Adriatique.

Qu'on veuille bien toutefois ne pas se méprendre sur le sens de cette remarque.

Je suis loin de songer à méconnaître l'utile influence des réservoirs ; je trouve seulement qu'on s'en exagère la portée.

Le lac Léman, par exemple, que je viens de citer, a simplement pour effet de réduire à 520 mètres cubes le débit maximum du Rhône qui est de 1.200 mètres cubes avant d'y entrer.

Et cependant son immense superficie dépasse 54.000 hectares : de sorte qu'une simple élévation de 1 mètre dans son niveau emmagasine le volume d'eau colossal de 540 millions de mètres cubes.

Et si l'on considère que le débit du Rhône atteint 7.000 mètres cubes dans Lyon et 14.000 mètres cubes à Beaucaire, débits énormes qui couvrent la vallée de 3 à 4 mètres d'eau, on voudra bien reconnaître que l'exemple du grand lac Léman n'est pas propre à fortifier la confiance dans l'efficacité des réservoirs à *longue distance*.

Cet exemple si remarquable est d'ailleurs la meilleure preuve qu'on puisse donner de la nécessité de distinguer entre l'action *locale* des réservoirs et leur action *lointaine*.

Les esprits ne seraient sans doute plus partagés, et l'opinion ne serait plus incertaine, si cette distinction avait été faite.

L'action locale des réservoirs me paraît trop évidente pour qu'on songe à la contester.

Il est en effet presque toujours possible d'obtenir, au moyen de ces ouvrages, la suppression des débordements dans les vallées où ils sont établis.

Un rapport, fait récemment au nom d'une commission de l'Assemblée nationale, cite les deux réservoirs construits pour l'alimentation du canal du Berri, l'un sur la Marmande, l'autre sur l'Auron : là, sans nul doute, des réservoirs, *même permanents* (*), devaient réussir.

Cet exemple n'est pas d'ailleurs le seul qu'on puisse citer.

La ville d'Annonay, dans le bassin du Rhône, et celle de Saint-Étienne, dans le bassin de la Loire, viennent d'être protégées par des retenues établies en amont et formées par un barrage en maçonnerie, dont la hauteur est de 55 mètres pour Annonay et de 50 mètres pour Saint-Étienne. Ces deux réservoirs sont disposés de manière à fournir de l'eau pendant l'été aux villes et aux usines, *tout en maintenant libre ou vide* un espace suffisant pour contenir l'eau surabondante des crues.

Bien qu'achevés avant 1866, ils n'ont pas encore eu l'occasion, que je sache, de remplir cette seconde destina-

---

(*) Je prends les chiffres du rapport. La superficie du bassin qui alimente les deux réservoirs est de 6.500 hectares. La hauteur annuelle de la pluie tombée est de $0^m,524$; de sorte que l'eau reçue par cette superficie est de 55 millions de mètres cubes, dont 11.500.000 sont recueillis par les réservoirs au profit de la navigation.

La superficie des réservoirs est de 208 hectares, et leur capacité totale de 7.500.000 mètres cubes.

Dans cette région, la pluie la plus intense étant de $0^m,05$ (ainsi que dans le Morvan), il n'arrivera au réservoir qu'un volume de

$$1.575.000^{mc} = 63.000.000^{mq} \times \frac{0^m,05}{2},$$

et l'on admet que la perte, par l'évaporation et l'imbibition de la pluie tombée, sera seulement de 0,50 ; tandis que le rapport du volume annuel de la pluie recueillie par les deux réservoirs, au volume tombé sur la superficie du bassin qui les alimente, est de 0,33, ce qui élève à 0,66 la perte due à l'évaporation et à l'absorption par le sol.

Le volume d'eau que la plus forte averse jettera dans les deux réservoirs sera donc, on le voit, inférieur au quart de leur capacité. Or, il n'est pas douteux que l'alimentation permanente du canal y maintient constamment un vide supérieur.

tion. Mais il ne me semble pas possible toutefois de concevoir le moindre doute à ce sujet.

Indépendamment de l'action locale des réservoirs agissant isolément, j'accorde encore sans difficulté qu'un système de réservoirs puisse non moins sûrement soustraire aux submersions la vallée principale d'un bassin dont les affluents, en petit nombre, ne parcourent que des pays de plaines ou de collines, et ne descendent pas de ces hautes altitudes qui attirent les tempêtes.

Ainsi M. l'inspecteur général Belgrand (*Annales*, 1846, pages 155 et 156) a eu raison de proposer des réservoirs dans plusieurs vallons du bassin de la Seine,

Parce que ces réservoirs, constitués par de simples barrages de 5 mètres d'élévation, seraient néanmoins capables d'emmagasiner *tout* le débit de la plus forte crue du cours d'eau.

Car la plus grande hauteur de pluie tombée dans ce bassin, dont l'altitude maximum est d'environ 550 mètres, est de $0^m,05$ suivant M. Belgrand.

De sorte que, en n'admettant même qu'une perte de 50 p. 100 par l'évaporation et l'imbibition de la couche superficielle, le produit de la crue est seulement de 500.000 mètres cubes pour un vallon granitique ou liasique de 20 kilomètres quarrés.

Or, avec un seul réservoir ayant seulement 2 mètres de profondeur d'eau moyenne et occupant une superficie d'environ 25 hectares, on emmagasinerait *la totalité* de ces 500.000 mètres cubes (*).

(*)

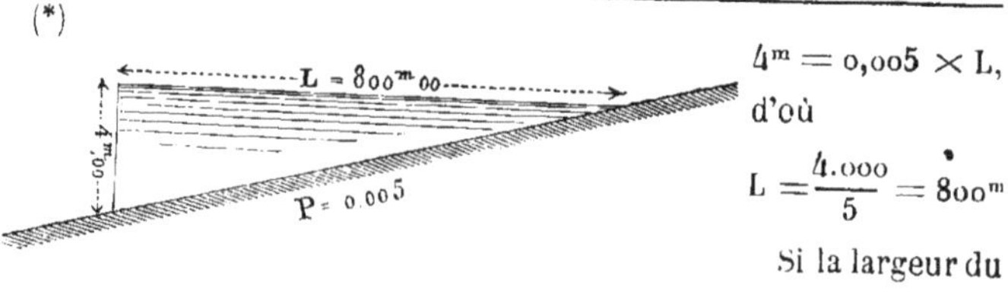

$$4^m = 0,005 \times L,$$

d'où

$$L = \frac{4.000}{5} = 800^m$$

Si la largeur du

Il paraît dès lors évident que, pour les bassins où les pluies des crues n'ont pas une plus forte intensité, le système des réservoirs offre de sérieuses garanties contre les inondations de la vallée *principale*, c'est-à-dire de la vallée qui reçoit les eaux de toutes les autres.

Il ne serait même pas nécessaire, dans de telles conditions topographiques, de vider les réservoirs après les averses.

Il pourrait suffire d'en augmenter le nombre, parce que les irrigations ou l'alimentation des usines y maintiendrait toujours libre l'espace nécessaire aux eaux surabondantes des crues.

Toutefois, dans le but de conjurer un mal, il faudrait prendre garde de n'en point faire naître un autre.

Dans les terrains granitiques, où les eaux sont généralement limpides, le voisinage des étangs peut être sans danger pour la salubrité. Mais dans les contrées sédimentaires, ils constituent en peu de temps des foyers pestilentiels, en raison de la grande quantité de matières végétales et animales que les eaux y accumulent, et dont la variation de leur niveau entretient l'active fermentation.

Est-il besoin de rappeler que la Brenne, la Bresse, la Dombes et le Forez doivent au trop grand nombre de leurs étangs la permanence des fièvres qui les dépeuplent?

Cette raison de la salubrité ne serait pas d'ailleurs la seule dont on aurait à se préoccuper.

Avant de multiplier les réservoirs, en vue de les faire servir en même temps aux irrigations, aux usines et aux voies navigables, il conviendrait d'envisager la question sous son aspect économique.

---

vallon est de 320 mètres, la superficie de l'étang sera de 800 mètres × 320 mètres = 25 hectares $\frac{6}{10}$. Quant à la capacité de la retenue, elle sera de :

$$800^m \times 320^m \times 2^m = 512.000 \text{ mètres cubes.}$$

S'il est vraisemblable que la transformation en étangs des maigres prairies des vallons granitiques serait une mesure profitable à la fois à l'intérêt général et aux intérêts privés ;

Parce que le poisson de ces étangs serait d'un meilleur produit pour leurs propriétaires ; parce que, d'autre part, l'intelligente répartition de leurs eaux développerait les forces productives de l'agriculture et de l'industrie ;

Il est au contraire douteux que l'on trouve de l'avantage à couvrir d'étangs de fertiles vallons calcaires.

J'incline donc à penser qu'on demande trop aux réservoirs, en général du moins, en voulant leur faire remplir ces deux destinations : d'être un préservatif contre les débordements et d'être en outre un agent actif des progrès agricoles et industriels.

De l'efficacité des réservoirs sur la vallée lointaine du bas fleuve.

J'arrive maintenant au sujet principal de cet écrit, c'est-à-dire à l'examen de l'influence d'un système de réservoirs sur les inondations de la vallée *lointaine* du bas fleuve.

La première difficulté qui se présente dans l'étude de cette question, est le choix à faire entre ces deux combinaisons :

Ou bien un très-grand nombre de petits réservoirs ;

Ou bien un petit nombre de grands réservoirs.

Les partisans des réservoirs sont partagés.

Les uns préconisent les petites retenues disséminées dans les ravins, les gorges et les vallons des régions supérieures du bassin.

Les autres donnent la préférence aux grandes retenues établies près des points où les affluents quittent la région montagneuse pour entrer dans le pays de plaines.

L'idée théorique des premiers est logique. Il paraît

plus facile de maîtriser les forces éparpillées des crues que ces mêmes forces réunies en faisceau et agissant de concert.

Mais dans l'application la théorie a tort.

Le Rhône, spécialement, offre tout d'abord un obstacle insurmontable dans la constitution physique des Alpes, dont les versants fournissent au fleuve tous les affluents qui exercent sur les grandes crues une action prédominante.

Les flancs escarpés des ravins et des gorges y sont littéralement couverts de débris que les pluies précipitent dans le thalweg.

Il s'ensuit que les torrents gonflés par les averses entraînent des quantités prodigieuses de matières, qui font la désolation des vallées où ils débouchent.

Les petits réservoirs, qu'on répartirait dans les gorges desséchées de ces torrents, seraient donc à peu près tous remplis après les premiers orages locaux.

La plupart même seraient sans doute bientôt emportés par l'écoulement irrésistible de cet effrayant mélange de boue liquide et de pierres.

Quant au bassin de la Loire, *tous* les ingénieurs qui ont coopéré aux études des réservoirs ont déclaré la combinaison des petites retenues inadmissible.

Et je pense que leur préférence unanime pour le système des retenues de grande capacité est motivée par les considérations qui suivent.

Ces considérations s'appliqueraient d'ailleurs tout aussi bien au bassin du Rhône ou d'un autre grand fleuve.

Il sera dit plus loin par quels ingénieux artifices les ingénieurs sont parvenus à apprécier l'effet d'atténuation, sur une crue en tout semblable à celle de 1856, d'un système de 85 grands réservoirs.

On verra combien cette recherche a été laborieuse, et que de causes d'incertitude existent dans les difficultés, les tâtonnements et les longueurs des calculs d'appréciation.

On concevra sans peine que ces difficultés seraient insurmontables, s'il fallait considérer les effets isolés et combinés de 5,500 retenues.

C'est pourtant ce que l'on aurait à faire dans la combinaison des petits réservoirs.

Car, pour contenir les 520 millions de mètres cubes emmagasinés par l'ensemble des 85 grands réservoirs, il faudrait 5,500 (*) de ces petites retenues, ou étangs, réparties entre tous les ravins et vallons des hautes régions du bassin.

Cela, parce que ces gorges sont étroites, à pentes rapides et à versants escarpés.

Ainsi, la combinaison des petits réservoirs est inadmissible, si l'on veut n'emmagasiner qu'une fraction du débit total de la crue, parce que la résultante de leurs effets resterait *inconnue*.

(*)

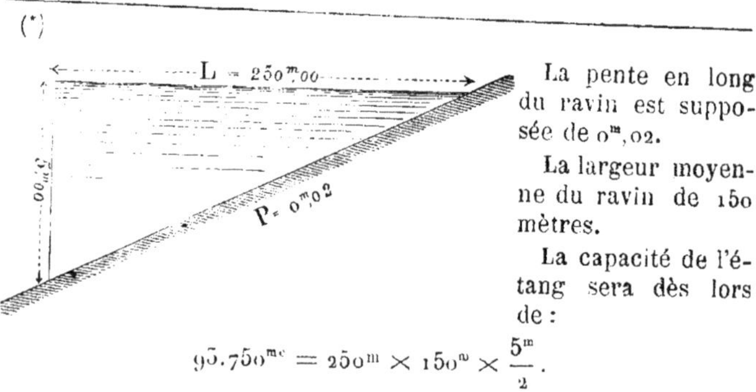

La pente en long du ravin est supposée de 0m,02.

La largeur moyenne du ravin de 150 mètres.

La capacité de l'étang sera dès lors de :

$$95.750^{mc} = 250^m \times 150^m \times \frac{5^m}{2}.$$

Puisque chaque étang ne retiendra que 95.750 mètres cubes, pour emmagasiner 520 millions de mètres cubes, il faudra donc construire 5.547 étangs.

$$5.547 = \frac{520.000.000}{95.750}.$$

La largeur du ravin, à la surface de l'étang, étant de 175 mètres, cette surface sera de 4hect,55.

Quant à les multiplier au point de contenir ce débit total, il n'y faut pas songer, pour deux raisons.

D'abord, la dépense d'établissement du système ne coûterait pas moins de 155 *millions*, même en n'estimant le mètre cube d'eau emmagasinée qu'à 0ᶠ.06 ; puisque le débit total de la crue de 1856 au Bec-d'Allier s'est élevé à 2.550 millions de mètres cubes.

Ensuite, le trop grand nombre des étangs deviendrait extrêmement dangereux pour la salubrité des régions supérieures du bassin.

En effet, le nombre des étangs s'élèverait à 27 200.

$$27\ 200 = \frac{2.550.000.000}{93.750},$$

et leur superficie totale serait de 118.320 hectares.

$$118\ 320 \text{ hectares} = 4^{\text{h}},35 \times 27.200.$$

Comparée à l'étendue entière du bassin, cette surface ne serait sans doute pas inquiétante.

Mais il importe de considérer que les 27.200 étangs seraient distribués dans les fonds des gorges et des petites vallées, et que c'est là seulement qu'ils exerceraient leur influence pernicieuse.

M. Polonceau (dans sa note sur les débordements précitée) admet le chiffre de 500.000 hectares en fonds de gorges, vallons et vallées, pour le bassin entier de la Saône, dont la superficie totale est de 2.980.000 hectares.

Le rapport est de 0,167.

Si l'on admet ce même rapport pour le bassin de la Loire en amont du Bec-d'Allier, dont l'étendue est de 32.349 kilomètres quarrés, il s'ensuit que la superficie des localités soumises à l'influence des étangs serait seulement de 5.402 kilomètres quarrés, ou 540.200 hectares.

Les 27.200 étangs en occuperaient donc les

$$0.219 = \frac{118.520^h}{540.200^h}.$$

Or, dans la Dombes (Ain), la surface occupée par les étangs, dans 50 communes de 92.801 hectares, est de 17.500 hectares.

Le rapport n'est que de 0,19.

La comparaison de ces deux rapports, 0,219 et 0,19 est, on le voit, la condamnation de la mesure.

Car elle prouve bien que cette mesure apporterait la fièvre et la mort dans la région supérieure du bassin, pour épargner à la région inférieure une perte matérielle.

Combinaison des grands réservoirs seuls possible.

En définitive, les petits réservoirs doivent être exclus, et c'est seulement aux réservoirs de grande capacité qu'on peut demander le moyen de soustraire aux inondations les plaines du cours intermédiaire et inférieur d'un grand fleuve.

Dans les recherches relatives à l'établissement de ces vastes réservoirs, les ingénieurs ont eu d'abord à examiner si les barrages devaient présenter une ouverture permanente, ou s'ils pouvaient être pourvus de pertuis pouvant s'ouvrir et se fermer à volonté.

Les barrages à ouverture permanente, *fonctionnant* seuls, ont été unanimement préférés.

On a considéré :

1° Que les difficultés d'exécution des mécanismes puissants et rapides, qui mettraient les vannes des pertuis en mouvement sous des charges d'eau de 20, 30 et jusqu'à 50 mètres, seraient au moins très-grandes, si elles n'étaient pas au-dessus des ressources actuelles de l'art ;

2° Que ces mécanismes compliqués exigeraient des soins d'entretien très-attentifs, qu'on ne peut pas raisonnablement attendre pour des ouvrages qui ne sont appelés à servir qu'à de longs intervalles; que les crédits nécessaires à cet entretien, en même temps qu'à celui d'un personnel exercé aux manœuvres, viendraient vraisemblablement à manquer pendant des années de disette et de guerre, et qu'en conséquence les mécanismes pourraient être hors d'état d'agir au moment où la grande crue surviendrait;

3° Qu'on serait fort en peine de fixer avec précision et certitude l'heure et le sens de la manœuvre des barrages situés dans les différentes vallées, à grande distance les uns des autres; et qu'une fausse manœuvre toujours possible, en aggravant la crue, susciterait à l'administration les plus sérieux embarras;

4° Qu'enfin on doit craindre l'opposition violente des populations locales à l'abaissement des vannes; car elles auront alors perdu le souvenir des indemnités autrefois payées pour jouir du droit éventuel de les inonder au profit de la vallée lointaine du bas fleuve. Elles n'auront plus devant les yeux que le mal présent, et soutiendront toujours qu'on les inonde sans utilité.

Chaque réservoir se composerait, en conséquence, d'un barrage ayant une ouverture permanente, calculée de façon à laisser passer les eaux ordinaires, et à n'amonceler derrière le barrage que l'excédant dangereux des grandes crues.

Mais quel sera l'effet de l'action simultanée de ces grands réservoirs sur les crues extraordinaires du fleuve dans son cours moyen et inférieur?

Ils seront établis loin les uns des autres, plus loin encore de la vallée du bas fleuve qu'ils ont pour but de protéger.

Ils ne retiendront ensemble que la moindre partie du débit total qu'a la crue en entrant dans cette vallée.

Quel abaissement produiront-ils dans sa hauteur ou son débit maximum?

Voilà comment le problème des réservoirs, après les études préliminaires, se pose aux recherches des ingénieurs, en ce qui concerne la défense de la vallée du bas fleuve.

Rien qu'à l'énoncé, on reconnaît déjà qu'il n'a plus la simplicité qu'on lui supposait tout d'abord.

Mais il faut pénétrer dans les profondeurs de la question pour en découvrir les graves difficultés.

Déjà, dès les premiers pas, on s'aperçoit que la science n'est plus un guide sûr, parce que les mouvements variés et irréguliers des crues échappent aux calculs de ses méthodes et de ses règles exactes.

L'hydraulique, en effet, ne connaît que les lois des écoulements à régime uniforme ou à débit permanent.

Or, dans l'écoulement des crues, tout varie à chaque instant en un point quelconque, et la forme de ce flot effrayant qui passe, et sa hauteur, et son débit, et sa pente de surface.

La science refuse donc les moyens de faire avec certitude les calculs qu'exige l'établissement des réservoirs.

De là l'obligation d'employer des artifices de calcul, de recourir à des procédés d'approximation et de tâtonnement.

De là, conséquemment, la cause principale des grandes difficultés du problème, c'est-à-dire les complications extrêmes que présentent les calculs fort nombreux auxquels oblige la recherche de la solution.

De là, enfin, la crainte qui s'élève dans l'esprit, et dont il ne saurait se défendre, que cette solution ne manque du degré de certitude indispensable.

Je crois rendre un légitime hommage au talent et au zèle des ingénieurs qui ont coopéré aux études des réservoirs,

en essayant de présenter ici une brève analyse des ingénieux
artifices qu'ils ont imaginés, et des opérations singulièrement laborieuses auxquelles ils ont consciencieusement consacré plusieurs années d'un travail opiniâtre.

Je suppose qu'en un point donné d'un cours d'eau, on
ait observé le passage d'une crue en marquant ses hauteurs
d'heure en heure.

A l'aide de ces hauteurs, il est possible de calculer les débits
par seconde de la crue aux différentes heures de sa durée.

Toutefois, cette opération ne peut se faire avec quelque
certitude qu'après un long travail préalable consacré à la
détermination de la formule empirique que l'on est réduit
à employer, et surtout à la vérification de son exactitude.

Car cette formule empirique, qui doit être spécialement
établie pour chaque partie distincte d'un même cours d'eau,
n'est évidemment admissible qu'à la condition de s'accorder
dans ses résultats avec les faits dûment constatés d'un
certain nombre de crues.

Je suppose tout cela fait.

Si l'on construit une courbe dont les abscisses seront les
unités de temps, et dont les ordonnées seront les débits
correspondants, on aura ce qu'on applle *la courbe des débits
de la crue* au point de l'observation; courbe dont l'aire totale représente le volume entier des eaux de la crue, et dont
l'aire comprise entre deux ordonnées représente le volume
d'eau écoulé pendant le temps qui les sépare.

C'est dans la construction de ces courbes, dans leurs
transformations, dans leurs superpositions aux confluents
des divers cours d'eau, que consistent les artifices imaginés
par les ingénieurs pour apprécier l'effet général de l'influence des réservoirs sur les crues du *bas* fleuve.

Je considère maintenant l'un des affluents reconnus
comme *propres* (*) à l'établissement d'un réservoir.

______

(*) Les réservoirs ne peuvent pas être placés partout. Le choix

La courbe des débits de la crue sera transformée par l'action du réservoir, qui se remplira pendant la période de croissance, et se videra pendant la période de décroissance.

Il faut construire cette courbe transformée, dont le maximum correspond à l'heure où le réservoir achève de se remplir et va commencer à se vider.

Je ne pourrais, sans trop allonger cet exposé sommaire, indiquer la marche et les procédés des longs calculs qu'exige sa construction.

Je me bornerai à dire que cette opération est la plus difficile et la plus laborieuse entre toutes.

Après cela, il faut suivre la crue dans sa propagation vers l'aval, et recommencer pour la troisième fois la construction de la courbe des débits près de l'embouchure de l'affluent ; attendu que la crue a pris une nouvelle forme dans son trajet du réservoir à ladite embouchure.

Là, elle se combine avec le cours d'eau qui la reçoit.

Là, par suite, il est nécessaire de connaître la courbe des

---

des affluents propres à l'établissement de ces grandes retenues exige beaucoup de réflexion et de recherches. Pour être assuré d'atténuer la crue au confluent de deux cours d'eau, il faut : ou ne retenir que celui qui est en retard, ou avoir la possibilité d'établir sur l'affluent en avance des retenues assez puissantes pour réduire la somme des deux débits réunis, malgré le rapprochement des deux maxima. Or, on est loin d'être maître de régler à volonté la puissance des retenues. Toutes les vallées n'offrent pas les vastes capacités nécessaires. Tous les terrains ne sont pas capables de résister aux plus fortes pressions et aux plus violents écoulements qu'on puisse imaginer. Vallée très-large, en amont d'un rétrécissement, sol incompressible et en même temps indestructible, absence, dans le champ de la retenue, d'habitations trop nombreuses, d'industries trop importantes, de terres trop productives : voilà les conditions essentielles qui doivent se trouver réunies dans les lieux propres à la construction d'un réservoir.

En sorte que le nombre des réservoirs qu'on peut utilement et sûrement construire se trouve limité par la nature des choses beaucoup plus qu'on ne le croit.

débits de ce cours d'eau en amont du confluent, c'est-à-dire qu'il faut refaire pour la quatrième fois cette longue et pénible opération du tracé de la courbe des débits.

Quant à la courbe des débits de la crue en aval du confluent, elle s'obtient assez facilement par la superposition des deux courbes de l'affluent et du cours d'eau principal; parce qu'on a eu soin, bien entendu, de les mettre en corrélation de temps.

Tel est l'enchaînement des opérations qu'on ne peut se dispenser de faire pour chacun des affluents sur lesquels un réservoir peut être utilement établi.

Telles sont les longueurs et les difficultés des calculs qu'elles comportent.

On voit, par cette rapide analyse, quels labeurs vraiment exceptionnels l'étude de la conception des réservoirs a imposés au dévouement des ingénieurs.

Car il n'est pas besoin de faire remarquer que le travail déjà si considérable qu'elle indique se multiplie par le nombre des réservoirs.

Et l'on ne sera pas surpris d'apprendre que les résultats des études n'aient pu être produits qu'après une période de cinq à six ans.

En ce qui concerne la vallée du Rhône, ces résultats sont les suivants :

« En supposant (dit M. l'inspecteur général Belin) que « tous les réservoirs, dont l'exécution ne paraît pas impra- « ticable de prime abord, soient établis et fonctionnent « dans les conditions les plus favorables à leur maximum « d'efficacité, on trouve qu'ils emmagasineraient environ « 600 millions de mètres cubes, et coûteraient au moins « 65 millions de francs.

« Quant à leurs résultats, que l'on n'a pu calculer que

« sur une crue qui reproduirait exactement toutes les cir-
« constances de celle de 1856, attendu que c'est la seule
« grande crue sur laquelle on possède quelques notions
« précises, ils se résument comme il suit :

« L'abaissement du niveau maximum de la crue serait
« de 0^m,70 seulement en amont du confluent de l'Ain, de
« 1 mètre tout au plus à Lyon, de 0^m,40 à 0^m,20 seule-
« ment entre Lyon et Valence, et se réduirait à des quan-
« tités tout à fait inappréciables au delà de Valence. »

M. l'inspecteur général Belin insiste d'ailleurs sur « les
« difficultés et l'*incertitude* que présente l'appréciation à
« grande distance des effets isolés ou combinés des rete-
« nues sur des crues d'un fort volume. »

Et il conclut comme il suit :

« De tous les moyens imaginés pour agir sur les crues
« d'un cours d'eau à fort débit, celui qui repose sur la
« création de grands réservoirs artificiels est certainement
« le plus rationnel :

« Et puisqu'on a reconnu l'impossibilité de l'appliquer
« au bassin du Rhône dans une mesure suffisamment utile,
« il faut renoncer à combattre les inondations de ce fleuve
« par un abaissement général du niveau de ses crues. »

En ce qui concerne la Loire, les résultats ne sont pas
aussi défavorables au système.

Si la vallée de la Loire était libre de tout travail de défense contre les inondations, les réservoirs seraient, comme
pour la vallée du Rhône, impuissants à empêcher l'inondation, et même à l'atténuer dans une mesure réellement
utile.

Car les grandes crues extraordinaires couvrent les plaines
de cette vallée de 2 à 5 mètres d'eau. Et l'on ne pourrait

guère réaliser par l'emploi des réservoirs qu'un abaissement de o^m,70 à 1 mètre.

Mais on sait que les vals de la Loire, en aval du Bec-d'Allier, sont défendus par un endiguement, qui se continue sans interruption entre Briare et les Ponts de Cé.

Ce lit des crues, tel qu'il nous est légué par les siècles passés, peut contenir un débit de 6.000 mètres cubes environ par seconde, sans péril de ruptures pour les levées, moyennant quelques travaux d'exhaussement et de consolidation.

Le débit maximum de la crue de 1856, au Bec-d'Allier, ayant été de 9.000 mètres cubes, il suffit donc que les réservoirs soient capables d'atténuer de 3.000 mètres cubes par seconde le débit maximum de cette crue.

Or, le rapport de M. l'inspecteur général Comoy expose que les 85 réservoirs dont la création est possible dans la région supérieure du bassin en amont du Bec-d'Allier, doivent produire, d'après les calculs des ingénieurs, cette forte atténuation de 3.000 mètres cubes.

Les 22 réservoirs du bassin particulier de la Loire retiendraient 254 millions de mètres cubes.

Les 63 réservoirs du bassin de l'Allier en retiendraient 286 millions.

Ensemble, les 85 réservoirs emmagasineraient un volume de 520 millions de mètres cubes, c'est-à-dire le cinquième environ du débit total de la crue de 1856 au Bec d'Allier, qui est de 2 milliards 550 millions de mètres cubes.

En aval de Tours, dit M. Comoy, le débit par seconde redeviendrait supérieur à 6.000 mètres cubes, par suite des apports du Cher et de la Vienne.

Il semble dès lors qu'il conviendrait de créer également des réservoirs dans les bassins du Cher et de la Vienne.

Mais les crues de ces deux rivières devancent d'un à deux jours celles du fleuve. Les réservoirs qu'on établirait dans leur bassin, en retardant leur écoulement, tendraient à favoriser la coïncidence de leur maximum avec celui du fleuve. De sorte qu'au lieu d'un abaissement, on produirait une élévation de son niveau.

Il en conclut, conséquemment, qu'au-dessous de Tours l'insubmersibilité des vals ne peut se réaliser que par l'exhaussement des digues.

	francs.
La dépense de cet exhaussement des levées s'élèverait environ à.	11.123.000
Celle de l'établissement des 85 réservoirs serait de.	65.577.000
Par conséquent la dépense totale du système serait de.	76.500.000

Voici quels sont les résultats, présentés par M. l'inspecteur général Comoy, de l'emploi du système des réservoirs à la défense absolue contre les inondations de la vallée de la Loire au-dessous du Bec-d'Allier.

Si ces résultats théoriques étaient certains, le problème de la soustraction absolue des vals de la Loire aux inondations serait heureusement résolu.

Mais l'auteur a trop de véritable science pour en affirmer la certitude.

Il déclare d'abord que ses calculs ont eu pour base la crue de 1856, la seule sur laquelle on eût des données certaines, et reconnaît en outre que la crue de 1866 ayant dépassé celle de 1856, dans la Loire supérieure et dans l'Allier, les dispositions calculées en vue des faits de 1856 n'auraient pas suffi pour prévenir les effets de l'inondation de 1866.

C'est qu'effectivement il y a plusieurs raisons de craindre l'inefficacité du système.

En premier lieu, on peut objecter : que la solution présentée repose sur des calculs pour lesquels (on l'a expliqué) les ingénieurs ont été réduits à faire usage de formules empiriques et de procédés d'approximation ;

Qu'ils n'ont pas pu éprouver la valeur de ces procédés et de ces formules, parce qu'ils ont manqué des documents nécessaires sur les grandes crues des divers cours d'eau du bassin ;

Qu'il est dès lors impossible, dans de telles conditions, que les résultats de calculs d'ailleurs si compliqués présentent le caractère de certitude indispensable à des entreprises d'une aussi grande importance.

En second lieu, une crue de même intensité que celle de 1856 au Bec-d'Allier peut être le résultat de mille combinaisons différentes des crues de tous les affluents supérieurs.

Dans chaque combinaison, l'ordre de marche (*) et l'importance de la crue du cours d'eau étant changés,

Il ne se produira même sans doute plus une seconde combinaison identique à celle de la crue de 1856, dont les faits spéciaux ont servi de base à toutes les dispositions du système de réservoirs présenté, à toutes les appréciations sur leurs effets.

(*) C'est l'ordre de marche des pluies diluviennes qui s'abattent sur les hautes régions du bassin et l'intensité de ces pluies qui déterminent l'ordre de marche et la puissance des crues des divers affluents.

Les vents qui ont amené ces masses énormes d'eau suspendues dans l'atmosphère ont, je veux bien le reconnaître, une direction à peu près constante avant d'atteindre le sommet du bassin. Mais sait-on ce qui se passe dans ces régions des orages ? Mille obstacles naturels y jettent le désordre dans le grand courant parti de l'Océan. Tout y devient confusion. Les nuées y tourbillonnent dans tous les sens, n'observent dans leur chute aucun ordre de marche ni d'intensité, et ne distribuent leurs eaux sur le bassin suivant aucune loi que la météorologie puisse espérer de saisir.

Il faudrait d'ailleurs des siècles à cette science naissante pour débrouiller le chaos de ces terribles phénomènes, dont les retours sont si incertains et heureusement si rares.

Ce qui s'est passé en 1866 tend à le prouver.

Il s'ensuit donc inévitablement que l'action *locale* des réservoirs, et *a fortiori* leur action *commune* à grande distance ne s'exerceront jamais exactement comme l'annoncent les calculs faits sur la combinaison spéciale des circonstances de 1856.

En troisième lieu, il est permis de craindre que la solidité des barrages gigantesques des réservoirs ne soit menacée par la puissance inconnue de l'écoulement des crues extraordinaires à travers leur ouverture libre.

Car il importe de rappeler que cet écoulement aura lieu sous des charges d'eau de 20 mètres, de 30 mètres de hauteur, et plus encore.

Partout assurément les hautes murailles de ces barrages seront fondées sur le rocher.

Malgré cela, il n'est pas certain *a priori*, dit lui-même M. *Comoy* dans son rapport, qu'on ait le moyen d'opposer à la vitesse prodigieuse d'un pareil écoulement une résistance supérieure.

Il paraît sage de renoncer aux réservoirs pour la défense des vals de la Loire.

En définitive, la conception des réservoirs, dès qu'on veut l'appliquer à la vallée principale d'un vaste bassin hydrographique, perd bien vite la simplicité sous laquelle elle apparaît d'abord.

Les difficultés grandissent avec l'étendue du bassin ; et, plus on s'avance dans l'étude du problème, plus on y trouve d'obscurité et de causes d'incertitude.

Je crois donc qu'on manquerait de prévoyance en s'abandonnant à l'idée séduisante d'une solution *radicale* du problème des inondations,

Et qu'on fera sagement de renoncer au système des réservoirs, même pour la défense de la vallée de la Loire au-dessous du Bec-d'Allier.

La science humaine ne s'avouera pas vaincue en acceptant l'inondation,

Puisqu'elle la contraindra, (comme j'espère le démontrer ci-après), à réparer par un bien durable le mal passager, et très-atténué d'ailleurs, qu'on ne pourra l'empêcher de faire.

Les partisans des réservoirs, *pour la protection absolue des plaines qui bordent le cours inférieur de nos grands fleuves*, sont d'ailleurs dans une illusion complète en voulant leur faire remplir deux destinations d'aussi majeure importance que la suppression des débordements et l'utilisation de leurs eaux aux besoins de l'agriculture et de l'industrie.

La première exclut nécessairement la seconde.

Attendu que les capacités des réservoirs doivent être constamment libres, autrement dit ne retenir les eaux que pendant la durée très-courte des crues.

Cette condition est absolument indispensable ; car les crues extraordinaires sont parfois annoncées par des crues assez considérables pour remplir la plupart des réservoirs.

La grande crue de juin 1856 de la Loire avait été précédée par une crue très-forte et très-inquiétante du mois de mai.

Les grandes crues du Rhône de 1840 et 1856, les seules, dit M. l'inspecteur général Belin, sur lesquelles on possède des données précises, ont également suivi de fort près des crues importantes sur ses principaux affluents.

VIII.

La véritable solution du problème des inondations consiste, non à les supprimer absolument, mais à faire servir celles qui sont inévitables à la régénération du territoire.

J'ai terminé la revue des divers moyens de conjurer les inondations sur lesquels l'attention publique a été appelée.

On y voit que tous, sans exception, seraient impuissants contre les grandes crues extraordinaires qui ont envahi en 1846, 1856 et 1866 les plaines du cours moyen et inférieur de nos grands fleuves, notamment du Rhône et de la Loire;

Qu'on n'obtiendrait aucun effet appréciable ni du reboisement, ni des petits barrages placés dans le lit des torrents, ni des dérivations du fleuve ou de ses affluents;

Que la combinaison des rigoles horizontales, théoriquement rationnelle, est pratiquement inadmissible;

Que l'établissement de digues longitudinales insubmersibles ne serait pas justifié par la valeur du territoire soustrait aux submersions, puisque la largeur qu'il faudrait donner au lit endigué occuperait presque toute la largeur de la vallée;

Que le système des réservoirs est impuissant s'il agit seul, c'est-à-dire si la vallée n'est pas en même temps défendue par d'autres ouvrages;

Qu'enfin, même pour la vallée de la Loire, dont le lit est endigué en aval du Bec d'Allier, il ne serait pas prudent de compter sur l'efficacité des réservoirs.

Voilà quels sont les résultats d'une longue période d'études consciencieuses, poursuivies avec autant de persévérance que de talent par les ingénieurs des services spéciaux organisés par l'administration au lendemain de l'inondation de 1856.

C'est alors qu'on s'est demandé :

Si l'opinion ne s'était pas laissé éblouir par la pensée pleine de prestiges de contraindre les crues extraordinaires à rester dans le lit du fleuve jusqu'à son embouchure ;

Si la lutte à outrance contre ces puissants phénomènes, dont les retours sont si mystérieux, n'était pas au-dessus du pouvoir de la science ;

Si, dans cette lutte, elle ne méconnaîtrait pas d'ailleurs la destination naturelle et inévitable des basses terres ;

Si, par conséquent, la véritable prévoyance ne consisterait pas à suivre une voie contraire, à cesser la résistance qui a causé les désastres des irruptions violentes antérieures, à diriger en un mot les crues extraordinaires dans l'accomplissement de leur rôle providentiel, en renonçant à leur fermer l'entrée des plaines déjà défendues contre les crues ordinaires.

Ces réflexions viennent naturellement à l'esprit, lorsqu'on considère la formation géologique des plaines fertiles qui bordent nos fleuves.

Chacun sait qu'elles doivent leur grande fécondité à la couche profonde d'alluvions qui recouvrent les dépôts impropres à la culture de l'époque diluvienne.

Les éléments de ces alluvions ont été arrachés par les pluies aux plus hauts sommets du bassin.

Mais on aurait tort de croire que l'énorme masse sédimentaire, dont les débordements de l'époque moderne ont enrichi les vallées, a causé l'appauvrissement de la région montagneuse.

Les roches des hauts pays sont stériles, en général du

moins, dans les conditions de grossièreté et d'isolement où elles sont placées.

Ces terrains ne deviennent productifs que par leur trituration et leur mélange.

Ils sont d'abord entraînés par les averses dans les ravins où les torrents les roulent et les brisent dans leur course impétueuse.

Puis les torrents, en se réunissant dans les affluents du fleuve, mêlent ensemble leurs divers limons et achèvent de la sorte l'œuvre bienfaisante de la création.

C'est par des réflexions de cette nature, je le suppose, que l'administration a définitivement considéré que les vals endigués de la Loire devaient *rester* les véritables réservoirs de retenue des crues extraordinaires.

Aussitôt après l'inondation de 1866, dont la violence a rappelé la catastrophe de 1856, elle a chargé une commission d'inspecteurs généraux d'étudier une nouvelle combinaison dans ce sens.

Maintenir l'insubmersibilité des vals à l'égard des crues que le lit endigué actuel est généralement capable de contenir, afin que les inondations ne soient pas plus fréquentes qu'elles ne l'ont été jusqu'à ce jour :

N'ouvrir les vals à l'écoulement des eaux que lorsqu'elles atteignent le niveau au-dessus duquel l'irruption violente est inévitable ;

Voilà le but que cette savante commission s'est proposé.

Il importe en effet qu'il en soit ainsi, pour que la nouvelle combinaison puisse être acceptée par les riverains de la Loire comme le meilleur remède au fléau des inondations violentes.

Différemment, ils seraient portés à lui reprocher d'être bien plutôt une aggravation de l'état actuel des choses.

Et il serait difficile de réfuter ce reproche, parce qu'il faudrait prouver que le bénéfice du colmatage et de la conservation des quelques propriétés bâties et non bâties que détruisent les invasions violentes, serait un ample dédommagement à la perte répétée des récoltes et au danger de l'insalubrité temporaire de la vallée.

Quant aux moyens à employer pour réaliser ces vues, ils sont naturellement indiqués par l'observation réfléchie de la propagation des crues d'invasions violentes précitées.

A l'issue de chaque val, le débit maximum a subi une atténuation marquée, d'autant plus importante que *l'emmagasinement* du val était plus considérable, et surtout que l'écart était plus grand entre les passages au confluent du maximum du fleuve et du maximum de l'écoulement parallèle du val.

Il faut donc préparer l'introduction régulière des eaux dans chaque val, de manière à reproduire, en les améliorant s'il se peut, les faits généraux d'écoulement de la crue de 1856, la plus violente des trois.

En d'autres termes, il est essentiel d'obtenir, dans chaque val, un emmagasinement au moins égal à celui de l'inondation de 1856 ; et il faut disposer le déversoir de façon à retarder le plus possible le moment où commence le remplissage, comme celui où il s'achève.

Ainsi préparée, l'inondation régulière des vals doit, on le comprend sans peine, atténuer le débit maximum des crues extraordinaires à peu près autant que l'inondation accidentelle due aux ruptures des levées.

De sorte qu'on ne changera rien à la situation des villes et bourgs protégés par des digues, ni à celle des localités placées dans le champ ou près de la limite des inondations. Puisque la hauteur des eaux restera partout, à peu de chose près, ce qu'elle a été jusqu'ici dans lesdites crues extraordinaires.

L'idée d'introduire dans les vals les crues menaçantes pour les levées du lit endigué est loin d'être une conception nouvelle.

Il a été dit plus haut qu'après la crue de 1706 on a exhaussé les levées de la Loire, en portant leur hauteur de 15 à 21 pieds au-dessus de l'étiage.

Mais cet exhaussement n'avait pas été général.

On avait conservé la hauteur de 15 pieds sur un certain nombre de parties, auxquelles on avait laissé la longueur uniforme de 100 toises.

On s'était imaginé, bien à tort, que les crues supérieures à 15 pieds, en déversant par-dessus ces parties plus basses, épancheraient doucement dans le val le trop-plein dangereux de leurs eaux.

Dans la grande crue de 1755, les ruptures se produisirent avec leur cortége de ruines; et, bien entendu, les parties basses, ou déversoirs, furent les premières rompues et emportées.

On s'empressa bien vite, après cette crue, d'établir la levée dans leur emplacement à la hauteur de 21 pieds qu'elle avait partout ailleurs.

Quelques mots suffiront pour faire comprendre que ces petits déversoirs distribués dans la longueur de l'endiguement d'un val devaient nécessairement être emportés.

Le lit endigué de la Loire ne peut contenir, sans péril de rupture, qu'un débit maximum de 5.800 mètres dans le département du Loiret.

Une crue, semblable à celle de 1856, arrive, en tête du val, avec un débit maximum de 8.700 mètres.

Il est donc nécessaire, pour éviter les ruptures, que le premier déversoir, celui qui est établi à l'extrémité supérieure du val, détourne du lit un débit de 2.900 mètres = 8.700 mètres — 5.800 mètres.

Or, avec sa longueur de 100 toises, le premier déversoir ne pouvait verser dans le val qu'un débit maximum de 700 à 800 mètres cubes.

Ainsi, ce premier déversoir devait être détruit en raison de son insuffisance; et comme il laissait passer dans le lit un débit bien supérieur à 5.800 mètres cubes, d'autres ruptures devaient se produire en outre en aval.

Les déversoirs destinés à substituer, à l'inondation désastreuse des crues extraordinaires, une inondation régulière que le bienfait du colmatage devra rendre inoffensive, seront plus judicieusement établis que ceux de 1706.

On ne renouvellera pas la faute de cette époque.

Chaque val n'aura qu'un seul déversoir, placé le plus près possible de son extrémité d'amont, et dont la longueur sera calculée pour livrer passage, à l'heure du maximum, à l'excédant du débit de la crue sur le débit possible du lit endigué.

Ces déversoirs consisteront, comme on vient de le dire, dans un abaissement de la levée à la hauteur convenable, et sur la longueur nécessaire.

Le talus regardant le val sera très-adouci, dans le but d'amortir la vitesse de la nappe d'eau déversante, et leur surface entière sera revêtue d'une forte chape en maçonnerie hydraulique.

Leur solidité parait de la sorte garantie, surtout lorsqu'on considère que les trois déversoirs déjà existants sont simplement revêtus de pierres sèches, et que les trois inondations successives de 1846, 1856 et 1866 ne leur ont causé aucun dommage sérieux.

Le premier de ces anciens déversoirs est celui de Saint-Martin. Sa longueur est de 556 mètres et sa hauteur sur l'étiage de 5^m,10.

Il a été construit en tête du val de Saint-Martin pour remédier à l'insuffisance du pont de Gien.

Le second est celui de Mazan.

Sa longueur est de 2.780 mètres et sa hauteur sur l'étiage de 4^m,95.

Il supplée à l'insuffisance du lit endigué en amont de Beaugency, en jetant dans le val de Mareau une forte part du débit des grandes crues.

Le troisième est celui du val de Blois.

Sa longueur est d'environ 500 mètres et sa hauteur sur l'étiage de 5ᵐ,56.

Il remplit à l'égard du pont de Blois la même fonction que celui de Saint-Martin à l'égard du pont de Gien.

Mais une objection sérieuse peut être faite au sujet des déversoirs nouveaux.

De même que celui de Mazan, ils livreront passage à un écoulement d'une puissance comparable au débit maximum de la plus grande crue de la Seine.

S'ils n'étaient pas plus élevés que celui-ci au-dessus de l'étiage, leur efficacité serait sans doute certaine.

Mais leur sommet sera placé bien au-dessus de 4ᵐ.95 en contre-haut de l'étiage, si l'on veut n'admettre l'inondation réglée que lorsque l'invasion accidentelle par les ruptures des digues est inévitable.

Ne sera-t-on pas conséquemment obligé de leur donner une très-grande longueur?

Sera-t-il possible d'obtenir un écoulement uniforme sur un déversoir aussi long?

Bien avant que le maximum de la crue n'ait atteint son extrémité d'aval, l'insuffisance de son débit n'aura-t-elle pas causé, en amont, une intumescence des eaux capable de produire dans les digues de la partie supérieure du fleuve ces brèches ou ces ruptures qu'il a pour but d'éviter?

Les études définitives relatives à l'établissement de ces ouvrages, aujourd'hui terminées, permettent de répondre à cette grave objection de la manière la plus affirmative.

Le sommet des déservoirs ne sera pas placé si près du couronnement des levées qu'on peut l'imaginer.

Le relevé des grandes crues sur lesquelles on a des observations précises ne montre au dessus de la hauteur de 6ᵐ.50 à 6ᵐ,50 que des crues extraordinaires d'une intensité égale à celle de 1856.

D'autre part, le lit endigué actuel n'est capable de contenir, sans risques de ruptures, que les crues dont le niveau ne dépasse pas 6^m,3o à 6^m,5o.

D'où il suit qu'il suffira de placer la crête des déversoirs à cette hauteur de 6^m,3o à 6^m,5o, pour être assuré de la réalisation du but qu'on se propose,

Savoir:

Que les vals ne recevront l'inondation réglée que lorsque l'inondation violente avec toutes ses conséquences désastreuses est inévitable,

Et que ces inondations réglées ne viendront pas troubler la sécurité des vals plus souvent que ne l'ont fait jusqu'ici les inondations des crues exceptionnelles.

D'ailleurs, la crête du déversoir, qui sera placée à cette hauteur variant entre 6^m,3o et 6^m,5o, ne sera pas fixe.

En vue principalement d'économiser la dépense, d'autant plus élevée que le déversoir est plus long, le seuil fixe sera établi à 1 mètre plus bas que sa crête mobile.

Et cette partie supérieure de 1 mètre sera occupée par une banquette en terre destinée à disparaître dès la première heure du déversement.

De sorte que, lorsque le maximum de la crue se présentera devant le déversoir, il trouvera son sommet abaissé à la hauteur du seuil fixe en maçonnerie, c'est-à-dire à la hauteur de 5^m,3o à 5^m,5o sur l'étiage.

Dans ces conditions, la plus grande longueur du seuil horizontal des déversoirs sera de 8oo mètres.

Il y a loin, on le voit, de cette longueur aux longueurs démésurées qui permettraient de concevoir des doutes sur leur efficacité.

L'ancien déversoir de Mazan, déjà cité, fonctionne parfaitement, bien que sa longueur horizontale, ou pour mieux dire parallèle à la ligue d'étiage, soit de 2.78o mètres.

Ainsi donc, il ne me paraît pas possible de contester la certitude de l'action des déversoirs.

Car le calcul de leur longueur est une opération simple.

On connaît le débit maximum de la crue en amont, le débit possible du lit endigué en aval, et par conséquent les hauteurs de ces deux débits au-dessus des extrémités d'amont et d'aval du déversoir.

On connaît, d'autre part, par l'observation des crues précédentes, la croissance par heure des grandes crues dans le voisinage du maximum.

Ce sont là des données certaines,

Et il n'en faut pas davantage à la science pour calculer (*), sans aucune difficulté, et la longueur qu'il faut donner au déversoir, et le volume total des eaux que son écoulement emmagasinera dans le val avant l'heure où finit la croissance de la crue.

J'en ai dit assez, je pense, pour justifier les avantages de la nouvelle combinaison, tendant à *conserver* aux plaines protégées par un endiguement leur rôle de véritables réservoirs modérateurs des crues extraordinaires.

Les vals resteront soustraits, comme par le passé, aux grandes crues ordinaires.

L'inondation n'aura lieu que lorsqu'il surviendra des crues extraordinaires semblables à celles de 1856 et 1866, crues phénoménales, à retours inopinés, contre lesquelles aucun autre système n'offre de sûres garanties.

Elle s'accomplira en outre suivant des conditions régulières, préparées à l'avance, qui doivent la rendre profitable plutôt que nuisible.

Alors, en effet, plus de ruptures ou de brèches, avec leur cortége de ravinements, d'ensablements, de maisons renversées, de champs engloutis dans les excavations ou enfouis sous les sables.

(*) Voir les notes 1 et 2 à la fin du mémoire.

Plus rien, en un mot, de ces ruines qui ont si fortement impressionné les esprits en 1856 comme en 1866.

La récolte sera sans doute perdue, si elle est sur pied.

Mais le dommage sera sûrement réduit à cette perte, dont le pays sera dédommagé, en peu d'années, par la plus grande abondance des récoltes suivantes.

L'inondation, en recouvrant le sol de son précieux limon, répare par un bienfait durable le mal momentané qu'elle a pu faire.

Et comme ce mal sera très-atténué dans l'inondation réglée par les déversoirs, on peut, il me semble, avancer sans trop de hardiesse que le bien l'emportera sur le mal.

N'est-on pas, dès lors, autorisé à conclure :

Que les crues extraordinaires cesseront d'être un fléau pour la vallée de la Loire, qui s'étend du Bec-d'Allier à Nantes, du jour où l'on aura régularisé l'emmagasinement de ces crues dans les vastes bassins ou réservoirs naturels que présentent les vals endigués ;

Et qu'à dater de cette époque la Loire remplira dans sa basse vallée le rôle bienfaisant du Nil à l'égard de la basse Égypte, c'est-à-dire qu'elle nourrira la fécondité du sol créé par ses anciens débordements ?

Quelques mots encore pour achever cette longue dissertation.

Je n'ai rien dit de la dépense d'exécution de ce système des déversoirs, qu'elle présente comme la meilleure solution du problème des inondations. Il importe cependant de la faire connaître, attendu que la question de la dépense est d'une valeur souvent décisive dans les grandes mesures d'économie politique.

Tandis que la dépense d'établissement du système des réservoirs s'élèverait, suivant les évaluations de M. l'inspecteur général Comoy, au total de 76.500.000 francs,

Savoir :

1° Pour la construction des 85 réservoirs qui peuvent être utilement établis dans les régions supérieures de la Loire et de l'Allier, une somme de. . . . . 65.377.000 *francs.*

2° Pour l'exhaussement et la consolidation des levées du lit endigué, entre le Bec-d'Allier et Nantes. 11.123.000

La dépense du système des déversoirs ne s'élèvera, d'après les évaluations des études aujourd'hui terminées, qu'à un total de 12.600.000 francs,

Savoir :

1° Pour la construction de tous les déversoirs. . . . 5.040.000 *francs.*

2° Pour l'exhaussement et la consolidation des levées du lit endigué, dans l'étendue des vals très-peuplés qu'il convient de soustraire absolument aux inondations. 7.560.000

Ainsi, on dépenserait 76.500.000 francs, avec les réservoirs, pour un but qui n'est pas aussi favorable qu'on le croit aux vrais intérêts agricoles, et que l'on n'est nullement sûr d'ailleurs d'atteindre.

Tandis que 12.600.000 francs suffiront à assurer les résultats utiles de la combinaison qui consiste, *non à éviter toutes les inondations*, mais à faire servir celles qui sont inévitables à l'accroissement de la richesse agricole de la belle vallée que parcourt la Loire entre Briare et Nantes.

Orléans, le 6 août 1872.

NOTE I.

———

Le profil en long des déversoirs présente un seuil parallèle à la pente d'étiage du fleuve, et deux rampes de raccordement de ce seuil avec le couronnement de la levée.

L'écoulement s'effectuera sur ces rampes, en même temps que sur le seuil.

La formule du débit des déversoirs à seuil horizontal doit donc être modifiée pour ces déversoirs spéciaux.

La recherche en est simple, comme on va le voir.

Soit un déversoir ABCD, composé d'une partie horizontale AB = l,

et de deux rampes extrêmes AC et BD, inclinées à $\frac{1}{P}$ par mètre.

Soit h la hauteur de l'eau du fleuve au-dessus du seuil horizontal du déversoir.

Bien que l'élévation de ce seuil sur le sol naturel du val ne dépassera pas 2 mètres, il sera certainement au-dessus du niveau de l'inondation dans le val.

La section $(l + ph) \times h$ du déversoir se compose de trois parties :

1° Une partie centrale lh fonctionnant comme un déversoir rectangulaire, dont le débit est alors donné par la formule d'hydraulique connue :

$$D = ml h^{\frac{3}{2}} ;$$

2° Deux parties extrêmes triangulaires, égales chacune à $\frac{1}{2}\,ph^2$, dont la formule de débit se trouve comme il suit :

On suppose l'une de ces parties décomposée en éléments verticaux infiniment petits.

L'un de ces éléments est $\qquad y\,dx,$

l'abscisse $\qquad\qquad\qquad x = py\,;$

d'où $\qquad\qquad\qquad\qquad dx = p\,dy\,;$

par conséquent $\qquad\qquad y\,dx = py\,dy.$

Cet élément fonctionne comme un déversoir rectangulaire.
Son débit a donc pour expression :

$$mpy\,dy\,y^{\frac{1}{2}} = mpy^{\frac{3}{2}}\,dy.$$

Le débit total de la partie inclinée du déversoir est la somme des débits partiels de chacun de ces éléments rectangulaires.
On l'obtient donc par l'intégration de l'expression différentielle susdite.
Et l'on a :

$$\Delta = \int_{0}^{h} mpy^{\frac{3}{2}}\,dy = \frac{2}{5}\,mph^{\frac{5}{2}}\,.$$

Par conséquent, la formule du débit du déversoir entier est la suivante :

$$Q = D + 2\Delta = mh^{\frac{3}{2}}\,(l + 0{,}8\,ph).$$

C'est-à-dire que le débit du déversoir avec rampes est le même que celui d'un déversoir rectangulaire qui aurait pour longueur :
La longueur horizontale du premier, augmentée des $\frac{8}{10}$ de la projection horizontale d'une de ses rampes.

NOTE II.

FORMULE DU VOLUME TOTAL DES EAUX VERSÉES DANS LE VAL,
DEPUIS L'INSTANT OU LE DÉVERSEMENT COMMENCE JUSQU'A L'INSTANT
DU MAXIMUM DANS LE FLEUVE.

Le débit par seconde est :

$$\text{(A)} \qquad q = mh^{\frac{3}{2}} (l + 0{,}8ph).$$

Soit t le temps compté à partir de l'instant où le déversement commence.

Pendant le temps dt le débit est ;

$$\text{(B)} \qquad qdt = mh^{\frac{3}{2}} (l + 0{,}8ph)\, dt.$$

L'observation des grandes crues a constaté que, dans le voisinage du maximum, l'accroissement par heure était assez uniforme.

Soit a l'accroissement supposé constant du niveau de la Loire par seconde,

on a dès lors :
$$h = at,$$

d'où
$$dh = adt.$$

La formule (B) devient, en remplaçant dt par sa valeur $\dfrac{dh}{a}$:

$$qdt = \frac{mh^{\frac{3}{2}}}{a} (l + 0{,}8ph)\, dh.$$

Puis, en opérant l'intégration :

$$Q = \frac{2}{5}\,\frac{mlh^{\frac{5}{2}}}{a} + \frac{2}{7}\,\frac{m}{a}\,0,8ph \times h^{\frac{3}{2}},$$

ou

$$(C) \qquad Q = \frac{2m}{a}\,h^{\frac{5}{2}}\left(\frac{l}{5} + \frac{0,8ph}{7}\right).$$

Il résulte des observations faites sur plusieurs grandes crues dont l'écoulement s'est accompli régulièrement dans le lit endigué, que l'accroissement du niveau du fleuve est d'environ 0,083 par heure, dans le voisinage du maximum.

Il s'ensuit que l'élévation de la crue par seconde est de

$$a = \frac{0,083}{3.600}.$$

En substituant cette valeur de a dans la formule (C), elle devient :

$$Q = 17.550 \times mh^{\frac{5}{2}}\left(l + \frac{4}{7}\,ph\right).$$

Telle est l'expression, très-simple, du volume total des eaux versées dans le val jusqu'au moment où le niveau du fleuve surmonte le déversoir de la hauteur h.

Orléans, le 6 août 1872.

TABLE DES MATIÈRES

1189 — Paris. — Imprimerie de Cusset et Cᵉ, rue Racine, 26.

Portefeuille économique des machines, de l'outillage et du matériel, relatifs à la construction, aux chemins de fer, aux routes, à l'agriculture, aux mines, à la navigation, aux télégraphes, etc., contenant un choix des appareils les plus intéressants des expositions industrielles et agricoles: destiné aux ingénieurs, mécaniciens, conducteurs, constructeurs de machines, contre-maitres, chefs d'atelier, élèves des écoles, entrepreneurs, ouvriers: M. C. A. OPPERMANN, directeur. Il paraît du 1er au 5 de chaque mois, depuis le 1er janvier 1856, une livraison de 4 à 9 planches (28 sur 38), contenant de nombreuses cotes et leur légende explicative; plus 2 à 4 pages de texte (même format que les planches) à deux colonnes, avec tableaux et figures intercalées. — Le tome XVI correspond à l'année 1871.

Un prospectus complet de cette publication se distribue à la librairie.

Prix de l'abonnement annuel et de chaque année écoulée que l'on pourra se procurer séparément : pour Paris, 15 fr.; pour les départements, 18 fr.; pour l'étranger, 22 fr.

Résistance des matériaux. Résumé des leçons données à l'École des ponts et chaussées sur la résistance des matériaux et sur l'établissement des constructions en terre, en maçonnerie et en charpente, par NAVIER, de l'Institut; 3e édition annotée et complétée par M. BARRÉ DE SAINT-VENANT, de l'Institut, ingénieur en chef des ponts et chaussées, avec des planches et un grand nombre de figures dans le texte.
En vente : la 1re partie du tome 1er en 2 fascicules avec figures dans le texte et 1 planche. 25 fr.

Injecteur Giffard. Divers mémoires par MM. COMBES, inspecteur général des mines; RÉSAL, DELOY, VILLIERS. In-8° avec pl. 5 fr.

Chemins de fer. Voie, matériel roulant et exploitation technique des chemins de fer, ouvrage suivi d'un appendice sur les travaux d'art, par M. C. COUCHE, inspecteur général, professeur du cours de construction et de chemins de fer à l'École des mines, ingénieur en chef du contrôle des chemins de fer (réseau de l'Est). Tome 1er, et tome II, 1er fascicule, 2 grands vol. in-8 et atlas de 52 grandes planches. 48 fr.

Chemins de fer. Construction des travaux d'art, aqueducs-ponts, tunnels, maisons de garde, barrières, plates-formes, ballast et voies. Texte et dessins-types, avec métrés estimatifs et notes explicatives, par E. VILLEVERT. 1 vol. in-4° élégamment cartonné à l'anglaise. 25 fr

Chemin de fer d'intérêt local. LEVEL, ingénieur directeur des compagnies des chemins de fer d'Enghien à Montmorency (Seine-et-Oise) et d'Achiet à Bapaume (Pas-de-Calais). — **De la construction et de l'exploitation des chemins de fer d'intérêt local.** Études pratiques suivies de considérations économiques et techniques sur les chemins de fer à transbordement 1er fascicule. 10 fr.

Chemins de fer russes. Études, profils, installation des réseaux ferrés exécutés par la grande Société des chemins de fer russes de 1857 à 1862. Notes recueillies et publiées par M. Éd. COLLIGNON, ingén. des ponts et chaussées. 1 vol. in-4 avec atlas de 51 pl. — Prix : 45 fr.

Chemins de fer des Vosges. Analyse détaillée et classement méthodique des dépenses faites pour ces travaux; par M. GRAEFF, inspecteur général. In-8° et atlas. 15 fr.

Chemins de fer de l'Est. VUIGNIER, ingénieur en chef des chemins de fer de l'Est. **Embranchement du camp de Châlons.** Mémoire relatif aux travaux exécutés pour l'établissement d'un chemin de fer de 25 kilom. construit en 65 jours. In-4° et atlas. 20 fr.

Chemin de fer du Cantal. — Construction de la section de chemin de fer de Murat à Vic-sur-Cère. — Concession, — Tracé, — Formalités, — Terrassement, — Ouvrage d'un ballastage, — Pose, — Matériel de voie, — Bâtiments, — Récapitulation des dépenses; par M. NORDLING. Grand in-4° avec figure. 12 fr. 50

Marchés de terrassement. — **Études sur la jurisprudence en matière de marchés de terrassement,** par le même. In-8°. 5 fr.

Signaux des chemins de fer. Étude sur les signaux des chemins de fer à double voie; par M. Edouard BRAME, ingénieur des ponts et chaussées. 1 vol. in-8 et atlas. 20 fr.

Tracé des chemins de fer. JACQUET (A.). **Tracé général des Courbes** circulaires, elliptiques et paraboliques de **Raccordement** pour chemins de fer, routes, canaux, etc. Nouvelle édition. In-8. 6 fr.

Détente des machines à vapeur. ZEUNER, professeur à l'École polytechnique de Zurich. — **Distribution par tiroirs dans les locomotives,** traduit par MM. Debize et Mérijot, ingénieurs des manufactures de l'État. Grand in-8°, avec atlas, relié. 9 fr.

Stabilité des machines. LÉDIEU, examinateur pour la marine. — **La rotative américaine Behrens et la question de la stabilité des machines.** Grand in-4° avec nombreuses figures sur bois, parfaitement gravées. 7 fr. 50

1189 — Paris. — Imprimerie CUSSET et Cie, rue Racine, 26.

9 782329 469119